Renate Vogl

PUPPEN und STOFFTIERE selbermachen

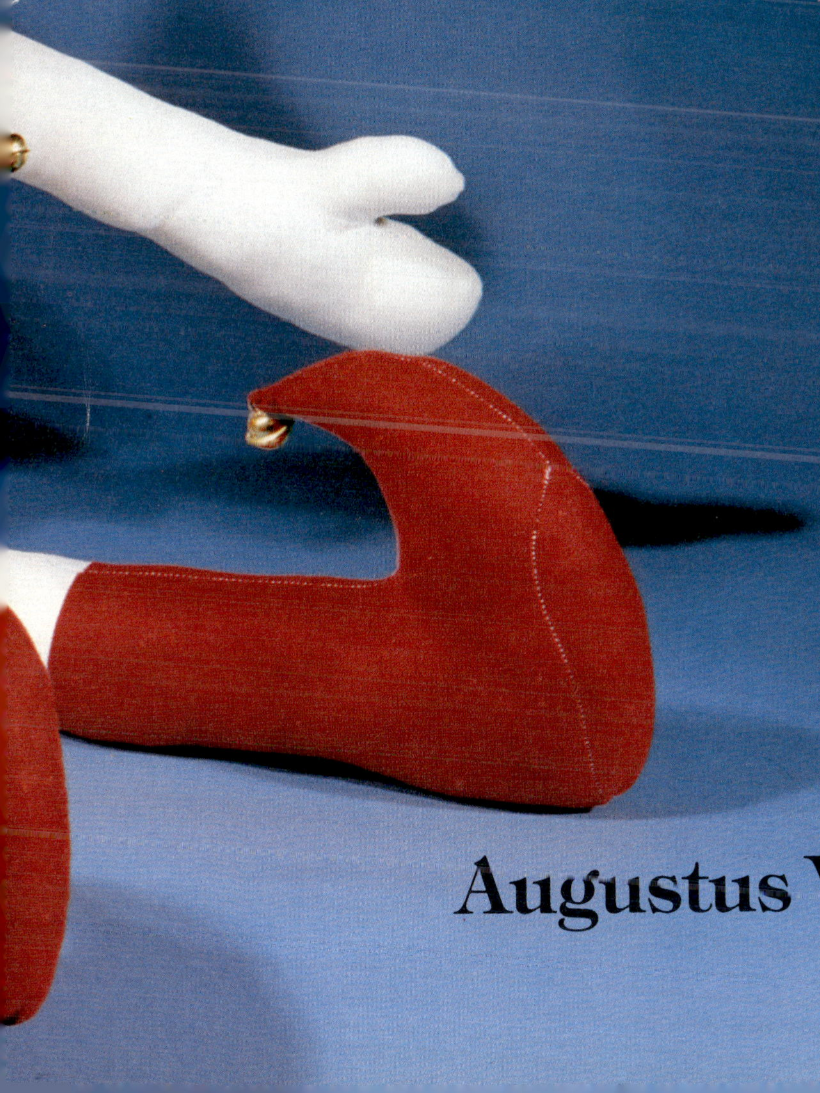

Augustus Verlag

Liebe Bastelfreunde,

mit dem Gedanken, ein praktisches und übersichtliches Bastelbuch für Sie zu gestalten, entstand dieses Werk mit 21 Modellkreationen und exakten Schnittvorlagen zum Nacharbeiten.
Ob Puppenliebhaber oder Plüschtierfreunde, alle kommen auf ihre Kosten – auch die ganz „Kleinen". Denn wer noch nicht soviel Geschick beim Basteln hat, kann wie in einem Bilderbuch blättern.
Gehen Sie auf Entdeckungsreise. Marionetten, Zootiere, Puppen oder Märchen- und Phantasiegestalten, aus Restmaterialien gefertigt, sie alle zeigen Ihnen, was mit etwas Geduld und Liebe zur Kunst alles entstehen kann.
Selbermachen heißt preiswert denken. Sie erhalten das Material in Kaufhäusern, Drogeriemärkten und auch in vielen Gartencentern mit gut sortiertem Bastelbedarf. Ausführliche Arbeitsanleitungen begleiten Sie ab der Schnittkopie bis hin zur Fertigstellung. Lesen Sie daher vor Beginn Ihres ausgewählten Modells die einzelnen Arbeitsschritte genau durch. Die Handhabung der Schnittvorlage ist einfach und wird auf Seite 9 erklärt. Sie werden feststellen, wie problemlos eine Puppe oder ein Stofftier entstehen kann. Lassen Sie sich nicht beirren, wenn das bemalte Gesicht oder die modellierte Kopfform von der Vorlage im Buch abweicht oder eine schwächere Füllung das Modell weicher erscheinen läßt.
Denken Sie immer daran, kein handgearbeitetes Werkstück gleicht dem anderen. Ganz gleich für welches Modell Sie sich entscheiden, es wird immer Ihre individuelle Handschrift tragen.
Ich wünsche Ihnen nun erfolgreiche Bastelstunden.

Ihre
Renate Vogl

Inhalt

Material

Webpelz

Das Angebot an Mustern und Farben ist in vielen Kaufhäusern enorm und erfreulicherweise kostengünstig.

Füllwatte

Eine Hochbauschqualität ist leicht, klumpt nicht und kann gewaschen werden. Es gibt sie in 50-g- und 250-g-Packungen.

Hanf

Aus diesem Material können auf einfachste Art Perücken für kleine Puppenmodelle angefertigt werden.

Sisalgeflecht

Besonders formbeständig mit eingeflochtenem Draht. Es kann bei dekorativen Puppenmodellen als Unterbau dienen.

Styroporkugel

Das sehr leichte Material ist dadurch eine ideale Formhilfe für Modellierköpfe.

Pinsel

Für Puppengesichter verwenden Sie am besten eine 2er-, für auszumalende Flächen eine 6er-Pinselstärke mit Marderhaaren.

Bastelleim

Klebt Holz sowie Textilien sicher zusammen. Überschüssiges Material kann mit einem feuchten Tuch leicht abgewischt werden. Der Leim wird nach dem Trocknen farblos.

Klettband

Ein schneller Verschluß für Puppenkleider.

Perücke

Ob Zöpfchen, Pagenschnitt, Bubikopf oder Schillerlocken, alle Frisuren erhalten Sie in verschiedenen Farbtönen und für verschiedene Kopfgrößen.

Puppenköpfe

Sie haben die Wahl zwischen vorgeformten Gesichtsmasken aus Plastikmaterial oder komplett vorgeformten Styroporköpfen.

Knopflochgarn

Zum Schließen von Füllöffnungen hervorragend geeignet.

Nylonschnur

Eine reißfeste Schnur (Segelzubehör), die sowohl zum Zusammennähen starker Körperteile wie auch als Marionettenfaden verwendet werden kann.

Trikotstoff

Spezieller Puppentrikot ist empfehlenswert. Sie können aber auch einen gewirkten, griffigen Jersey verwenden, der sich nicht zu sehr verzieht.

Textilkleber

Der Gütermann HT 2 klebt schnell und dauerhaft alles, was mit Textilien in Verbindung gebracht wird (außer Styropor).

Fimo

Eine Modelliermasse, die im Backofen bei 130 °C gehärtet wird. Besonders geeignet für zarte Formen.

Pappmaché

Eine Modelliermasse, die an der Luft trocknet und besonders leicht wird.

Plüschreste

In verschiedenen kräftigen Farben in allen Bastelgeschäften erhältlich. Ideal für lustige Charakterpuppen.

Puppenmodelliermasse

Nur im Fachhandel für Puppenzubehör erhältlich. Sie wird besonders glatt und kann bei 80 °C im geöffneten Backofen getrocknet werden.

Lederreste

Sie sind in Kaufhäusern erhältlich oder über den Fachhandel zu beziehen. Sie können aber auch auf Lederimitat ausweichen.

Werkzeug

Papierschere
Sie wird zum Ausschneiden der abgepausten Schnittvorlagen benötigt. Mit einer langen Schneide geht's schnell und problemlos.

Stoffschere
Achten Sie auf eine scharfe Schneide. Ein bequemer Griff erleichtert gerade bei Webpelz den Zuschnitt.

Kombi-Zange
Ihre Arbeit ist es, Draht zu formen und zu schneiden.

Stechahle
Das Anbringen von Ringschrauben an Modellplastiken oder Fadenkreuzen geht leichter, wenn die Schraubstelle mit einer Ahle leicht vorgebohrt wird.

Modellier-Set
Ein hilfreiches Plastik-Besteck zum Ausarbeiten von Gesichtern, Händen und Füßen.

Klebstreifen
Sie brauchen ihn beim Zusammensetzen von geteilten Schnittvorlagen.

Schleifpapier
Modellierteile müssen, um eine glatte Oberfläche zu erhalten, abgeschmirgelt werden. Grobe Ungleichheiten mit einer 60er, ansonsten mit einer 120er Flächenkörnung arbeiten.

Schleifklotz
Er besteht aus Kork und hat außer den normalen auch noch vier abgerundete Kanten. Das Schleifpapier wird so geschnitten, daß es um den Klotz gelegt werden kann. Die Angriffsfläche ist dadurch größer.

Säge
Wer keine spezielle Holzsäge besitzt, kann auf diese Haushaltssäge von ca. 20 cm ausweichen. Fadenkreuzrundholz und Leiste lassen sich ganz gut damit absägen.

Holzstab
Rundholz und Vierkantleiste können auf ca. 25 cm Länge geschnitten, an einem Ende zugespitzt und dann als Stopfstab zum Füllen der Puppen und Tiere verwendet werden. Ein Kochlöffelstiel tut's aber auch.

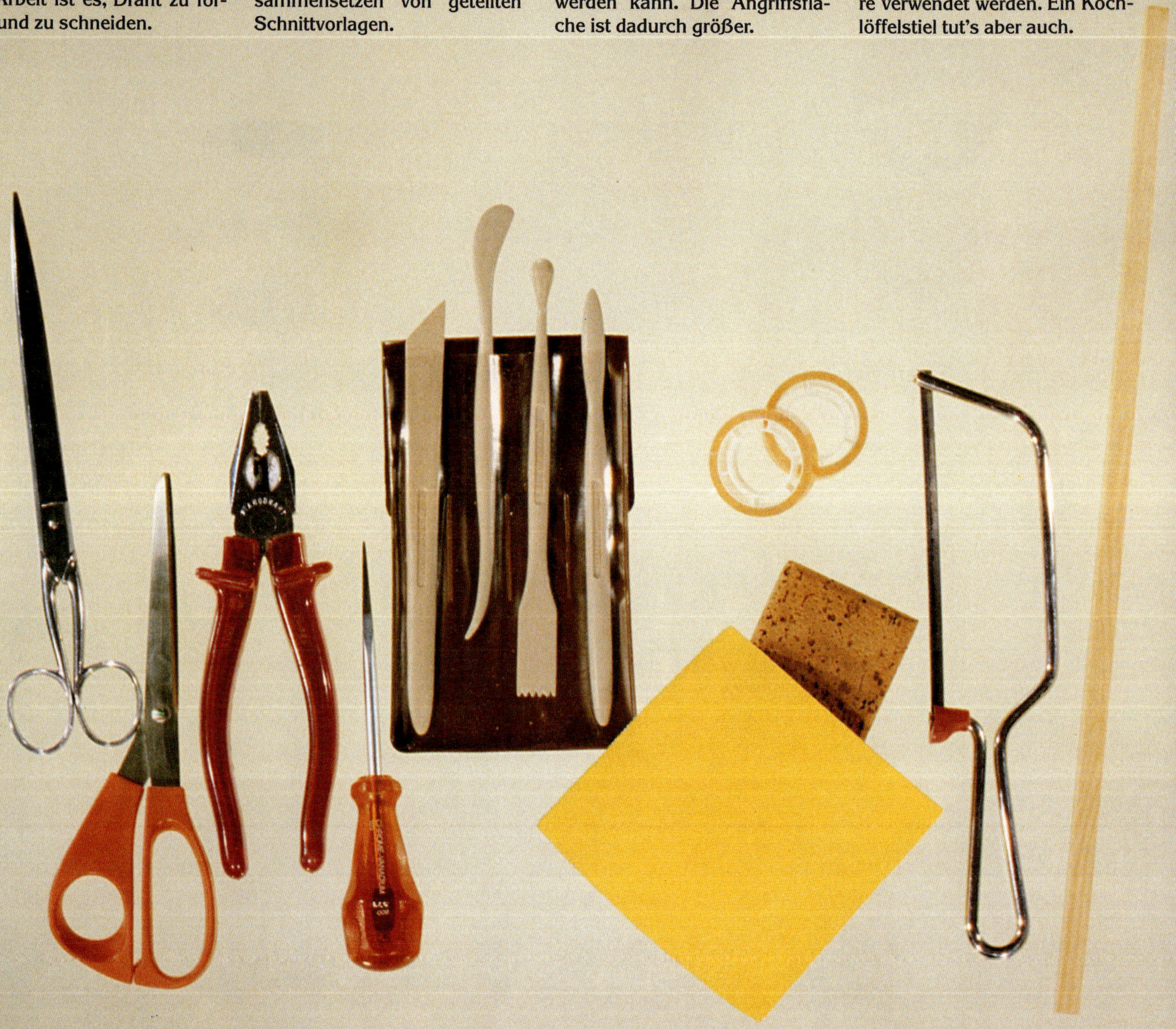

Tips und Tricks

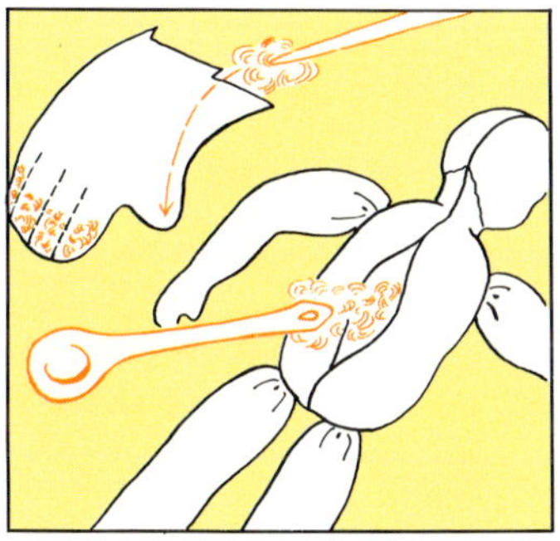

Fig. 1 Nie zuviel Füllwatte auf einmal nehmen. Die kleinen Lufträume, die dabei entstehen, wirken sich später unschön auf die gesamte Form aus.

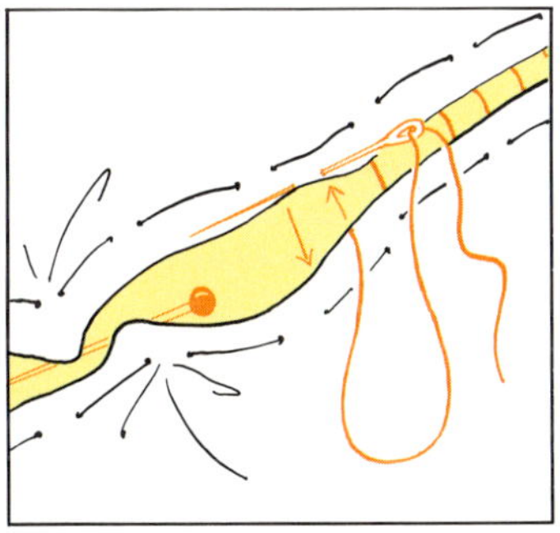

Fig. 2 Zuerst die Nahtzugabe der Stopföffnung umheften, diese mit Stecknadeln gegeneinander festhalten und dann mit Staffierstichen schließen.

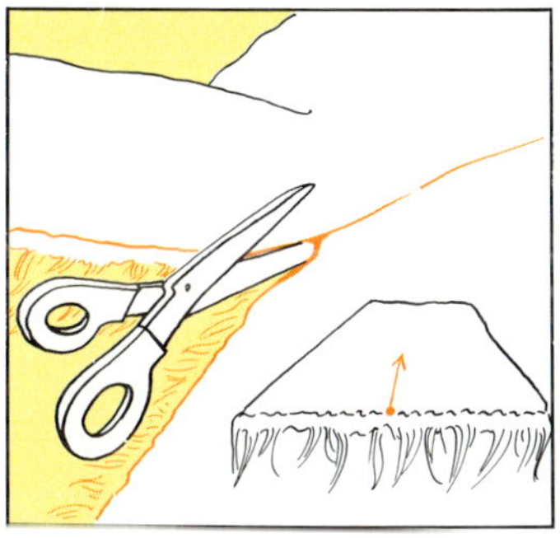

Fig. 3 Webpelz möglichst in Strichrichtung zuschneiden. Geschnitten wird der Stoff, nicht das Fell. Die Scherenspitze an der Webfläche entlangschieben.

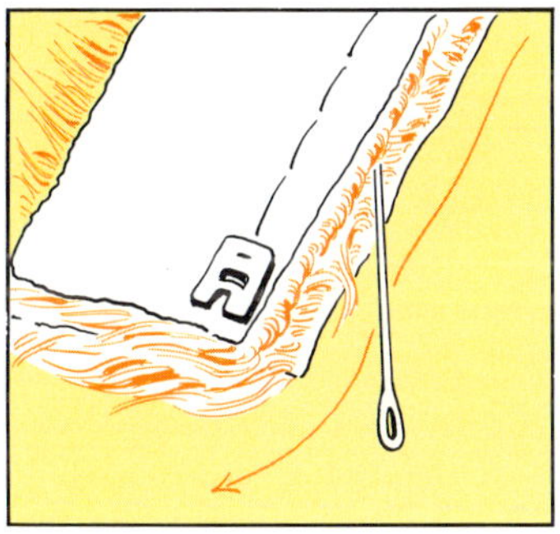

Fig. 4 Beim Zusammennähen zweier Webpelzteile die Haare mit einer Stopfnadel ins Nähgutinnere streichen. Die Naht wird so von rechts nicht sichtbar.

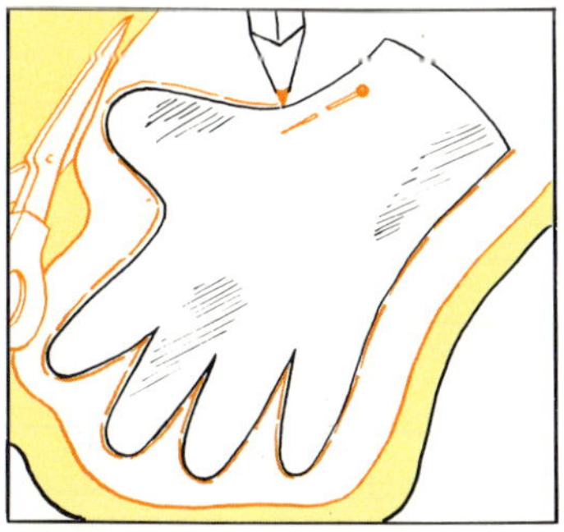

Fig. 5 Bei engen, auszusparenden Schnittkonturen wird die Schnittvorlage auf den Stoff gesteckt, nachgezeichnet und großzügig außen herum zugeschnitten; nicht ins Detail gehen.

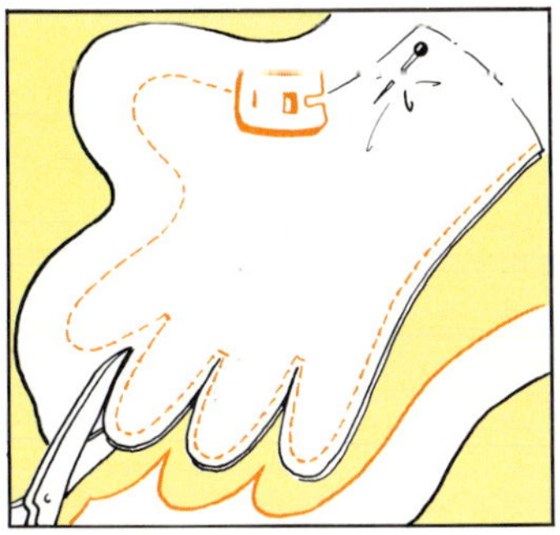

Fig. 6 Den Zuschnitt von Fig. 5 zusammenstecken und entlang der aufgezeichneten Konturlinie abnähen. Danach 1–2 mm neben der Stepplinie nachschneiden. So gibt's keine Verschiebung.

Hinweise zu den Schnittvorlagen

Konturlinien – Verschiedene Strichstärken erleichtern das Suchen der einzelnen Schnittformen.

Umbruchlinie – Entlang dieser Markierung wird der Stoff eingeschlagen.

Bruchkante – Das Schnitteil entlang dieser Linie Stoß an Stoß gegengleich und ein zweites Mal aufzeichnen oder am bzw. im Stoffbruch anlegen.

B **Suchbuchstabe** – Diese Markierung steht bei oder in einer Grafik, die als Zuschnitt- oder Modellierhilfe dient.

15 **Zahlen** – Im Bereich der grafischen Zuschnitthilfen (Schnittvorgaben) stehend, geben sie das Zuschnittmaß in Zentimetern an.

a b **Streckenlänge** – Eine grafische Nähhilfe, auf die in der Anleitung hingewiesen wird.

12 2x **Suchnummer** mit **Zuschnittangabe** – Diese Nummern stehen direkt an einer Konturlinie des zu suchenden Schnitteils.

a b **Anstoßlinie** – Aus Platzmangel wurden einige Schnitteile geteilt und an der Trennstelle mit dieser Linie und den betreffenden Buchstaben zur Orientierung versehen.

Mittemarkierung – Eine kurze, starke Linie zeigt die Mitte des Schnitteils an.

▲ F **Markierungspunkte** – In der angegebenen Reihenfolge der Schnitterklärung gesucht, erleichtern sie das Finden des Schnitteils. Außerdem sind die Buchstaben eine wichtige Nähhilfe.

Kräusellinie – An dieser Stelle wird eingekräuselt.

Strich- und Fadenlaufrichtung – Dieser Pfeil ist bei allen Schnittvorlagen, die auf Stoff und Webpelz aufgelegt werden, ab der Konturlinie eingezeichnet.

Bühnenreife Marionetten

Hereinspaziert! Hereinspaziert!
Hier ist die große Stimmung.
Vier Freunde haben sich plaziert
und warten auf Bedienung.
Einer von euch kann der erste sein,
einen der Vier zu bewegen.
Beginnt sofort mit dem Basteln daheim,
um bald über die Bühne zu fegen.

„Prima Donna"

Größe: 40 cm

Material
Fimo: farblos, ca. 325 g
Futter: grau, 20 cm/140 cm br.
Taft: weiß, 67 x 28 cm
Spitze: schwarz, 40 cm/140 cm br.
Paillettenstoff: grau, 10 x 32 cm
Stoff: grau/schwarz mit Punkten, 15 x 35 cm
Fellreste: grau/weiß
Federn: weinrot
Lackfarben: rot, blau, schwarz, weiß
Ringschrauben: 13 Stück
13 mm Rundholz: 63 cm
Nylonschnur: schwarz
Nähgarn

Alle Schnittvorlagen finden Sie auf der nächsten Doppelseite.

1 Körper – B, A, A, B, C, D, D, C
2 Oberarm – A, B
3 Oberschenkel – D, C
4 Rücken-/Oberteil – G, E, F
5 Vorder-/Oberteil – H, F, E
6 Ärmel – G, F, H

Modelliervorgabe
A Kopf-/Seiten- und Vorderansicht
B Fußteil/Seitenansicht und Sohle
C Handteil

Schnittvorgabe
D Petticoat
E Rockteil

Die FIMO-Knetmasse einige Zeit mit der Hand umschließen, so daß sich das Material erwärmt. Anschließend kräftig durchkneten. Für den Kopf brauchen Sie ca. 160 g, für die Schulterplatte ca. 35 g und für Arme und Beine je ca. 30 und 45 g. Suchbuchstabe A bei den Schnittvorlagen zeigt die Silhouette der ungefähren Kopfgröße und die Frontansicht mit den Vertiefungen (schraffierte Flächen). Von einer Eiform ausgehend, den Hals, den Hinterkopf und die Stirn grob ausarbeiten. Zwei Vertiefungen in Augenhöhe eindrücken, wobei an dieser Stelle die Knetmasse Richtung Nasenbein geschoben wird. Jetzt die Wangen eindrücken und Richtung Mund schieben. Aus der hervortretenden Masse zuerst die Nase, dann Ober- und Unterlippe, zum Schluß das Kinn formen. Die Ohren vom Hinterkopf aus durch vorheriges Einkerben leicht anformen.

Die Schulterplatte in der Größe 9 x 9 cm an den Ecken abrunden und Nählöcher durchstechen. Die Kopfform in die Mitte setzen und das Halsende zur Platte hin nach allen Seiten ausstreichen, so daß keine Nahtstelle sichtbar ist (siehe Fig. 1).

Einen 15 x 11 cm großen Karton zuschneiden, möglichst rund, knicken und mehrmals mit Alufolie überziehen. Die Schulterplatte darüber in Form von Brust und Rücken biegen (Fig. 1).
Die Arme auf 12 cm Länge vorformen (Suchbuchstabe C). Die Kerbe am Armende einarbeiten und die Handflächen, wie in Fig. 2 dargestellt, ausarbeiten.
Die Beine auf 14 cm Länge vorformen (Suchbuchstabe B). Den Fuß abknicken und in Stellung bringen. Die Kerbe am Beinende anbringen und den Fuß (siehe Fig. 2) ausarbeiten.
Alle Teile im Backofen bei 130 °C in 20 min. aushärten, danach weiß lackieren und gut trocknen lassen. Die Augenlider mit den Wimpern und die Pupille in Schwarz einmalen. Die Iris in Blau andeuten. Die Nasenlöcher markieren und den Mund in Rot schminken.
Alle Schnittvorlagen von 1–6 abkopieren und 1 cm Nahtzugabe zugeben. Die Körperteile zuschneiden und verstürzen; dabei die einzukräuselnden Kanten und ein kurzes Stück am Hals offen lassen. Die Arme (A + B) und die Beine (C + D) mit einem engen, aber lockeren Zickzackstich am Körper annähen. Einen stärkeren Kräuselfaden am anderen Ende der Glieder einziehen, ausstopfen. Alle modellierten Teile daran befestigen; darauf achten, daß die Kräuselfäden in den Kerben liegen.

Die Forelle

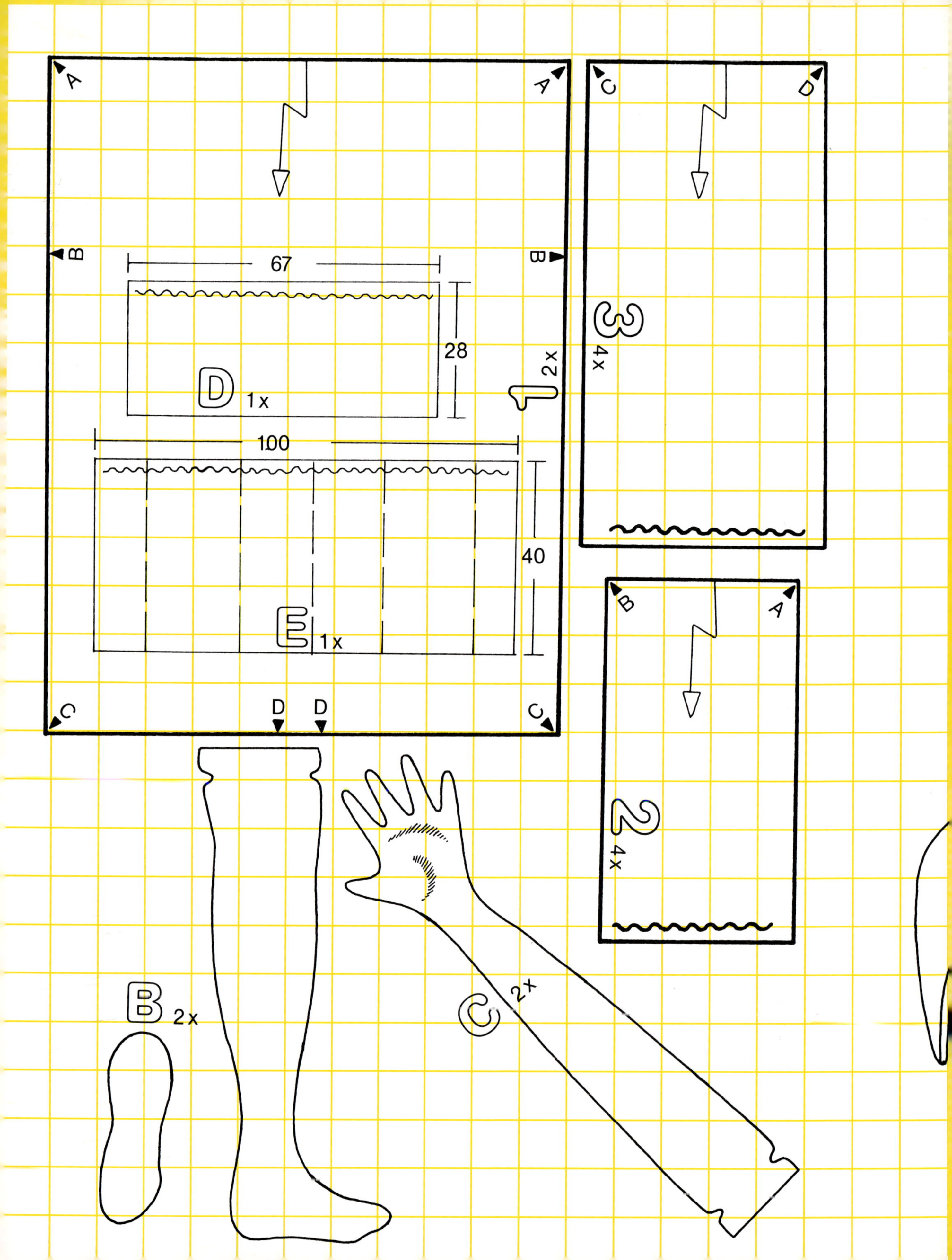

A
A
C
D
B
B
67
28
D 1x
1 2x
3 4x
100
40
E 1x
C
D
D
C
B
A
2 4x
B 2x
C 2x

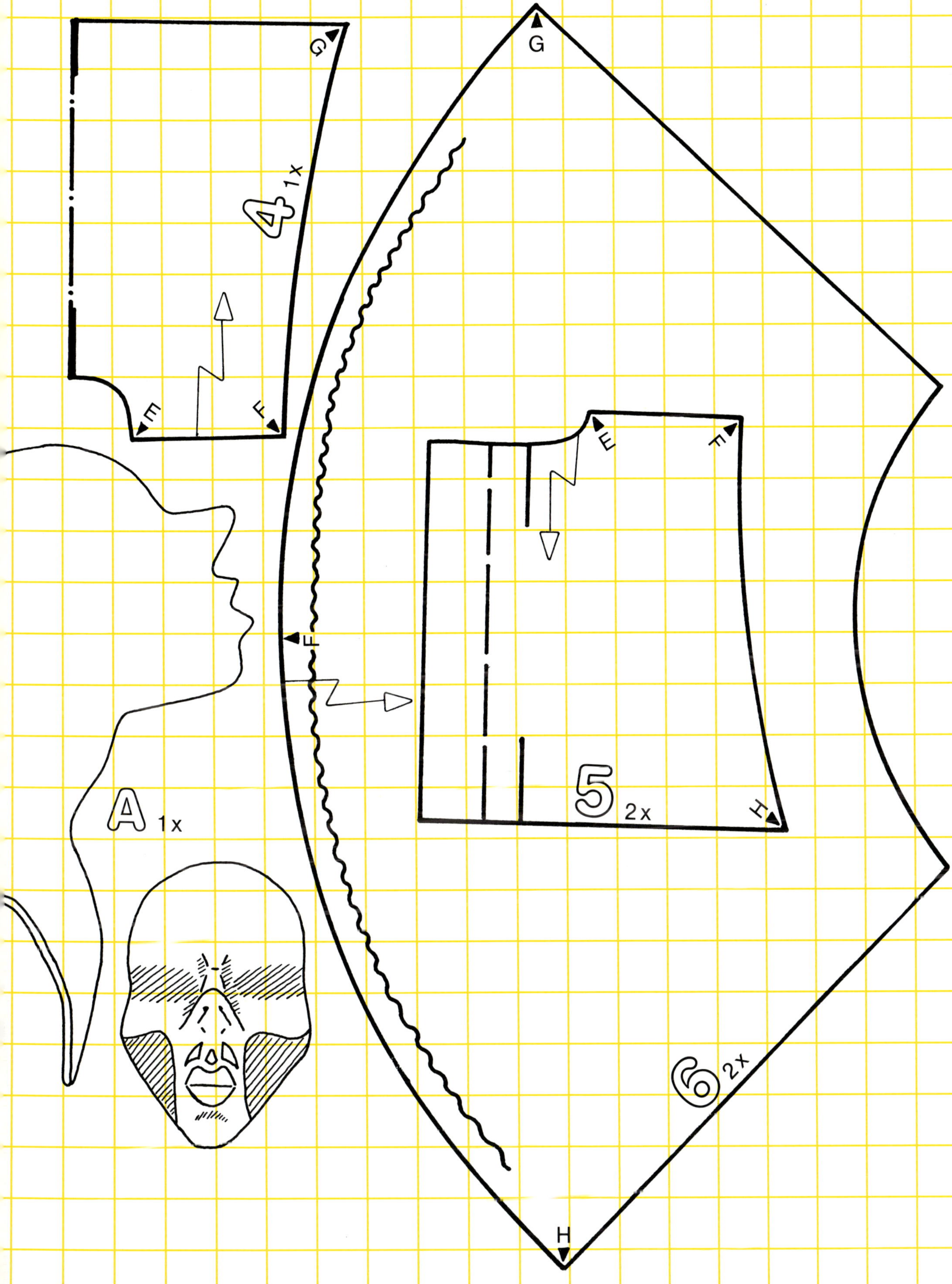
4 1x
G
E
F
5 2x
E
F
H
6 2x
G
F
H
A 1x

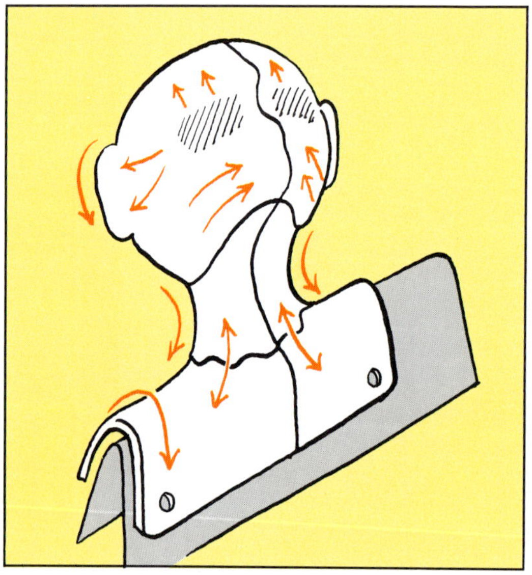

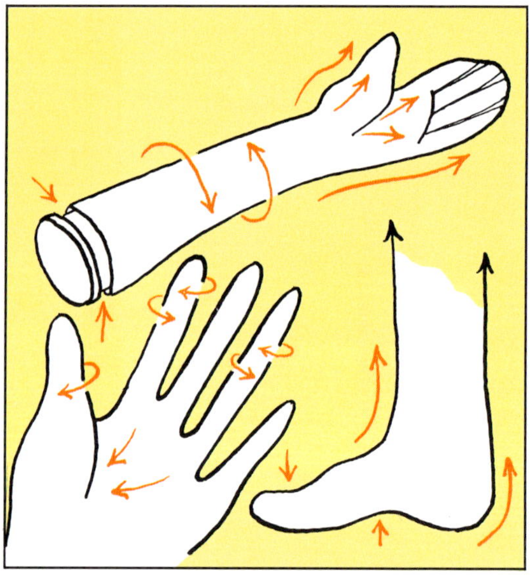

Fig. 1 *Kopf mit Hals in Pfeilrichtung modellieren, auf die Schulterplatte aufsetzen und die Nahtstelle glattstreichen. Über einem rundgeknickten, mit Alufolie überzogenen Karton die Platte in Brust- und Rückenposition bringen.*

Fig. 2 *Arme und Beine in Form rollen. Am Ende, 3 mm von der Kante entfernt, rundum eine Kerbe einarbeiten. Finger einschneiden und einzeln in Form bringen. Füße grob in Stellung modellieren, dann Zehen, Ferse und Rist ausarbeiten.*

Fig. 3 *Die Gliederteile der Puppe locker mit Zickzackstichen an den Körper annähen. Das Fadenkreuz, Zuschnittkanten rundfeilen, besteht aus dem Führungsholz (längs), 20 cm, dem vorderen Spielholz (quer), 15 cm, und dem hinteren Spielholz (quer), 28 cm. Das vordere ist mit den Beinen, das hintere mit den Armen verbunden. Das Fadenkreuz wie auch die Spielfäden werden durch Ringschrauben gehalten. Das Hauptgewicht der Figur trägt die Ringschraube in der Mitte des Führungsholzes und ist mit dem Kopf verbunden; Fadenlänge: 52 cm. Daraus ergeben sich alle anderen Fadenlängen.*

Den Taftrock (Suchbuchstabe D) an der Taille einkräuseln, zu einem Ring schließen und den Saum 1,5 cm umnähen; am Puppenkörper befestigen. Das Paillettenoberteil und den Ärmel zuschneiden. Letzteren an der Armkugel einkräuseln und am Saum 0,5 cm umnähen.

Den Spitzenrock (Suchbuchstabe E) nach dem Zuschnitt an der Taille einkräuseln. Die Schulternähte (E + F) zusammennähen, Ärmel (H, F + G) einsetzen und die Naht schließen. Den Hals mit kleinen Heftstichen einhalten, so daß er sich nicht ausdehnen kann. Den Spitzenrock in der hinteren Mitte schließen und an das Oberteil nähen. 6 x vom Saum bis zur Taille Heftstiche einziehen und den Rock heben.

Die noch offene Rückennaht einschlagen, übereinanderlegen und mit Staffierstichen zusammennähen. Zum Schluß Fellhaare aufkleben und einen Fellkragen um den Hals legen. Mit Schmuckfedern das Werk verzieren. Das Fadenkreuz, wie in Fig. 3 dargestellt, anfertigen und die Spielfäden (Nylonschnur) anbringen.

Hahn „Kiko“

Alle Schnitteile inklusive Paßpunkte abkopieren und zuschneiden (bei den Schnitten 1, 2, 3, 4, 6 je 0,5 cm Nahtzugabe zugeben):
Schnitte 1, 2 (Bruch beachten), 4 in Weinrot; Schnitt 3 je 2 x in Rot und Rost, Schnitte 5, 6 in Gelb, Schnitt 7 in Oliv, Schnitte 8, 10 in Tannengrün, Schnitt 9 in Grasgrün, Schnitt 11 in Schwarz, Schnitte 12, 13, 15 in Rot, Schnitt 14 je 1 x in Rot und Schwarz, Schnitte 16, 17, 18, 19 je 2 x und Schnitt 20 je 4 x in Weinrot, Rost, Tannengrün, Grasgrün, Oliv und Rot (Schnitt 16 zusätzlich noch 1 x in Rot).
Den Rücken (2) paßpunktgenau (D, A) an die Seitenteile (1) nähen, danach den Bauch von C bis B schließen. Halsansatz (4) einnähen, wenden, den Körper leicht ausstopfen und die Nahtzugabe zwischen B und A umheften.
Ein großes Schwanzteil (7) auflegen und die Federteile (9, 10, 11) gut verteilt dem Schwanzansatz anpassen und aufkleben; hierbei ändert sich bei allen einmal die Schnittkante des Federansatzes (schraffierte Fläche des Schnittes).
Das zweite große Schwanzteil darüberlegen, alles zusammenheften (siehe auch Fig. 3), in den Körper einschieben (A, B), zusammenstecken und knappkantig absteppen.
Die kleinen Schwanzteile (8), die Naht bedeckend, auf die großen kleben. Die Hals- (16, 17, 18, 19) und die Beinschmuckteile (20) in der Mitte vorlochen (Lochzange, kleinste Einstellung, oder Ahle).
Am Nylonschnurende einen Knoten machen und die einzelnen Teile auffädeln, wobei immer ein Knoten zur Auflockerung dazwischen liegen muß. Mit Schnitt 16 beginnen und mit Schnitt 19 aufhören.
Die Beine (20) ebenso aufreihen (siehe auch Fig. 2); auf Farbgleichheit achten.
Die gelben Fußteile paarweise aufeinanderlegen, knappkantig absteppen, auf der Oberseite ein kleines Loch einschneiden (dies kann auch bereits vor dem Nähen getan werden) und leicht ausstopfen.
Die Beinteile der Länge nach einzeln verstürzen, mit Füllwatte ausstopfen und in die Fußteile kleben. Das andere Ende jeweils an das Ende des Beinschmucks kleben (siehe auch Fig. 2).
Die Kopfkugel mit roter Lackfarbe anmalen, trocknen lassen, diagonal durchstechen (hierzu eine Stricknadel verwenden) und die Schnur des dünneren Halsendes durchziehen, dann am Kopf verknoten (siehe auch Fig. 1).
Den Schnabel (14) aus Karton zuschneiden, mit dem Filzzuschnitt bekleben (schwarz innen, rot außen), entlang der Umbruchlinien ein- und auf Mitte knicken und die aufeinandertreffenden Kanten zusammenkleben.
Die Kehllappenteile paarweise zusammenlegen, die kleinen (12) in die großen (13) schieben (E) und knappkantig um- und gleichzeitig zusammensteppen.
Die Kammteile (15) nur entlang der Bogenkante steppen.
Jetzt noch die Augen anfertigen und alle Teile am Kopf ankleben;

Länge: 40 cm

Material
Pappmachékugel: Ø 6 cm
Nylonschnur: Ø 2 mm, 150 cm
Füllwatte: ca. 50 g
Filz, 20 x 30 cm: 3 x weinrot, 1 x gelborange, 3 x oliv, 1 x tannengrün, 3 x rot, 2 x rost, 1 x weiß, 1 x schwarz, 1 x grasgrün
Klebstoff
9 mm Vierkantleisten: 90 cm
Ringschrauben: 3 Stück
Nähgarn
Knopflochgarn

Alle Schnittvorlagen finden Sie auf der nächsten Doppelseite.

1 Seitliches Körperteil – B, A, C, D
2 Rückenteil – A, D
3 Flügel – O, P
4 Vorderes Körperteil/ Halsansatz
5 Fußteil
6 Beinteil
7 Großes Schwanzteil – A, B
8 Kleines Schwanzteil – A, B
9–11 Federn
12 Kleiner Kehllappen – E
13 Großer Kehllappen – E
14 Schnabel
15 Kamm
16–19 Halsschmuck
20 Beinschmuck

Fig. 1 Das Fadenkreuz besteht aus dem Führungsholz (längs), 40 cm, dem mittleren Spielholz (quer), 24 cm, und dem hinteren Spielholz (quer), 16 cm. Sie sind durch Nylonschnur miteinander verbunden. Das vordere Spielholz (quer), 10 cm, ist mit einer Ringschraube versehen und kann variabel in die zwei geöffneten Ringschrauben im vorderen Drittel des Führungsholzes eingehängt werden. Das Hauptgewicht vom vorderen Körperteil hängt am mittleren Spielholz; Fadenlänge: 67 cm. Daraus ergeben sich alle anderen Fadenlängen.

Fig. 2 Das Fuß- und Beinteil leicht ausstopfen, letzteres in die Öffnung kleben und das Beinschmuckende darüberkleben.

Fig. 3 Die hintere Körperteilnahtzugabe separat heften. Die großen Schwanzteile mit eingeklebten Federn zusammengeheftet einschieben und nähen. Die kleinen Schwanzenden über die Naht auf die großen Schwanzenden kleben.

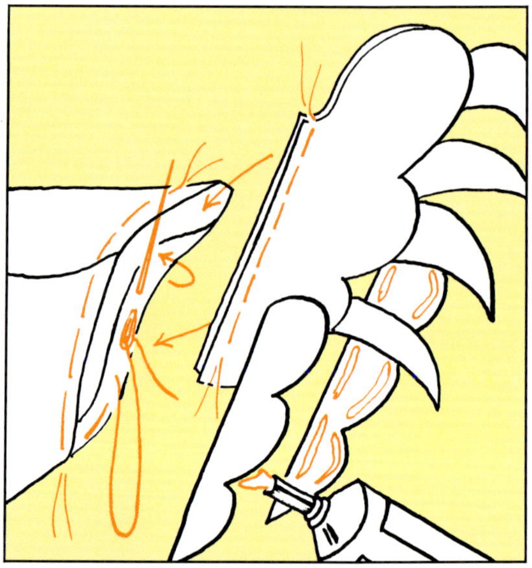

dabei die offenen Kammkanten etwas auseinanderziehen. Das stärkere Halsende am Körper/Halsansatz und die Beine am Bauch ebenfalls festkleben.
Die Flügel (3) zweifarbig und knappkantig zusammennähen, zwischen O und P offen lassen, leicht ausstopfen, die Öffnung schließen und die Flügelrundung am Körper locker mit ein paar Schlingstichen anhängen.
Das Vierkantholz, wie in Fig. 1 angegeben, zuschneiden, die Kanten (Schnitt- und Längskanten) leicht rundfeilen und mit einem 3-mm-Bohrer die Verbindungslöcher vorbohren.
Bohransatz mit 1 cm Abstand von der Außenkante. Als Spielfaden kann Knopflochgarn verwendet werden.

Variation:

Die Bohrlöcher können auch durch Ringschrauben ersetzt werden.

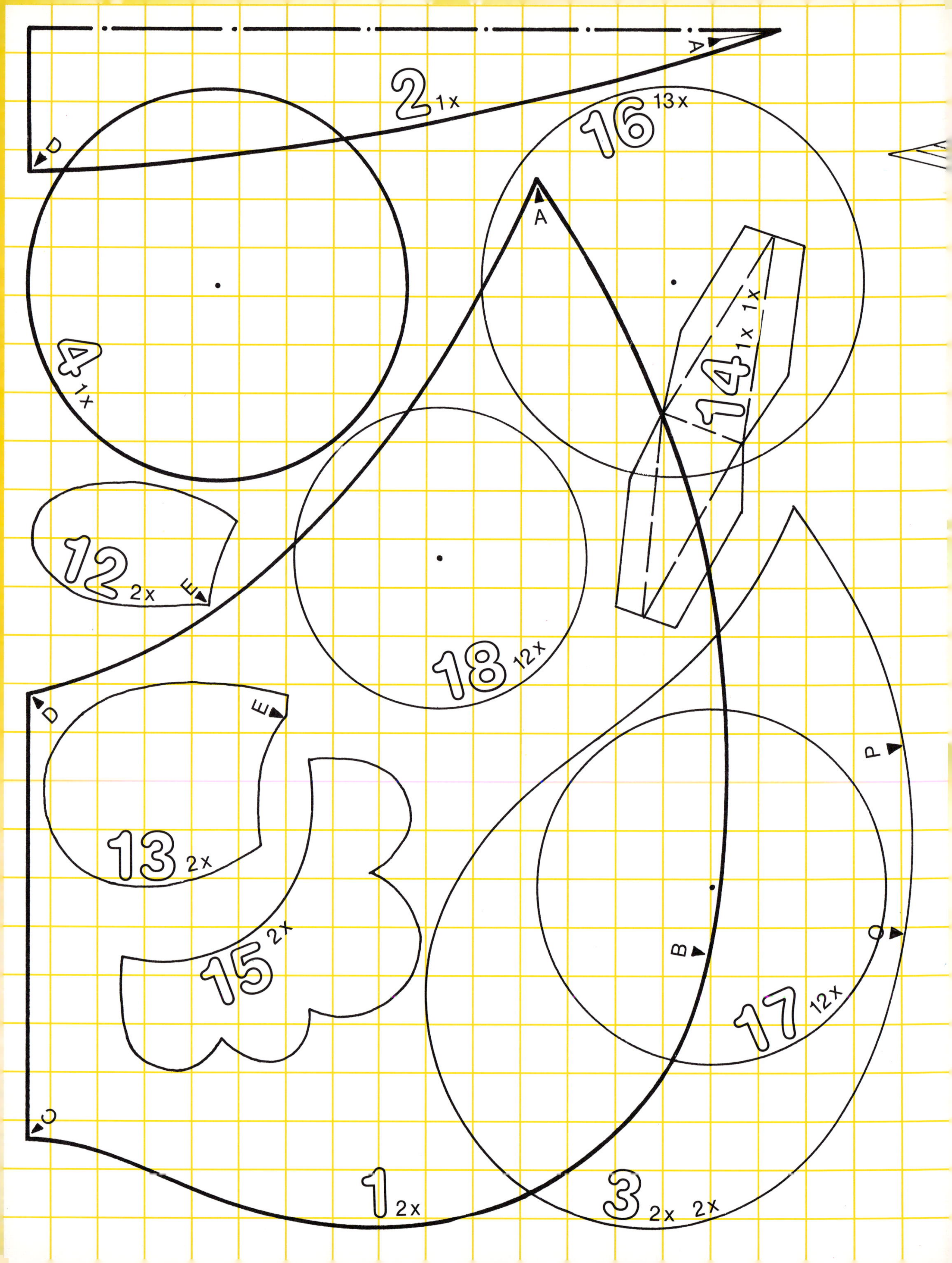

2 1x
A
D
16 13x
A
4 1x
14 1x 1x
12 2x
E
18 12x
D
E
13 2x
15 2x
P
B
Q
17 12x
C
1 2x
3 2x 2x

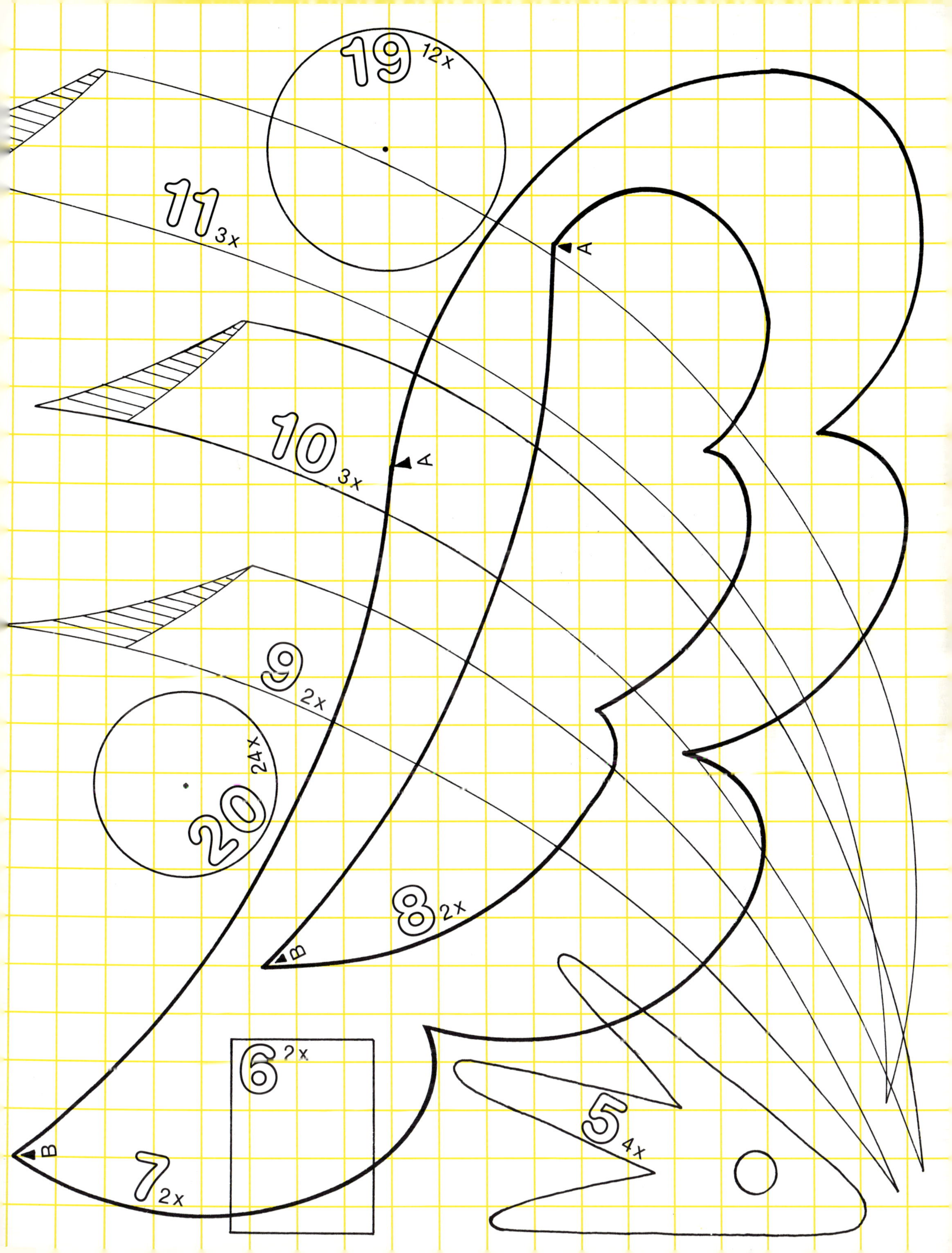

19 12x
11 3x
A
10 3x
A
9 2x
20 24x
8 2x
B
6 2x
5 4x
B
7 2x

Clown „Hajo“

Größe: 60 cm

Material
Pappmaché: 250 g
1 Styroporkugel: Ø 6 cm
1-mm-Karton
Langhaarplüsch: orange, 13 x 5 cm
Filz, 20 x 30 cm: lila, grau, weiß
Stoff: violettbunt gepunktet, 90 cm/90 cm br.
Tüll: gelb, 30 cm; pink, 35 cm, je 140 cm br.
Futterrest: rot
Lackfarben: schwarz, rot, weiß, grün, braun
9-mm-Vierkantholz: 76 cm
Klebstoff
Nylonschnur

Alle Schnittvorlagen finden Sie auf der nächsten Doppelseite.

1 Körper – B, A, G, A, C
2 Hüfte – D, B, C, D
3 Oberarm – E, A
4 Unterarm/Hand – E
5 Oberschenkel – D, F
6 Unterschenkel – F
7a Oberes Overallteil – H, a, b
7b Unteres Overallteil – b, a
8 Strumpf – K, L, L, K
9 Hutaufsatz
10 Hutkrempe

Schnittvorgabe
A Halskrause
B Overallrüsche

Modelliervorgabe
C Ohr/Vorder- und Seitenansicht
D Schuh/Seitenansicht und Sohle

Das Pappmaché, wie vom Hersteller beschrieben, anrühren und kräftig durchkneten. 5/8 von der glatten Masse, wie in Fig. 1 beschrieben, ausrollen, um die Styroporkugel formen und mit einer dünnen Stricknadel vom Halsende her bis zum Scheitel durchstechen. Eine Nylonschnur von ca. 80 cm Länge einziehen und erstmals ruhen lassen. Das Gesicht zu Ende formen, Nase (Halbkugel) aufsetzen, gut andrücken und die Ohren, wie in der Modellvorgabe C dargestellt, anfertigen und anpassen. Den Kopf auf eine Papprolle setzen. Jetzt die Schuhe mit Alufolie grob vorformen, am Schaft ein Loch einarbeiten, dann mit der restlichen Knetmasse überziehen. Modelliervorgabe D zeigt die seitliche Form und die Sohlengröße. Alle Modellierteile trocknen lassen. In der Zwischenzeit die Schnittvorlagen abkopieren und zuschneiden. Die Körperteile 1, 2, 3, 5 mit einem Cutter (Schneidmesser) aus dem Karton ausschneiden, lochen und locker zusammenknoten (A zu A, B zu B, C zu C, D zu D). Unterarm und Unterschenkel aus dem weißen Filz mit 0,5 cm Nahtzugabe zuschneiden, verstürzen (gekräuselte Kante offen lassen) und ausstopfen. Offene Kanten einkräuseln, zusammenziehen und an Oberschenkel (F zu F) sowie Oberarm (E zu E) anhängen. Die Overallschnittvorlage (7a, 7b) entlang der gepunkteten Linie zusammensetzen und aus dem bunten Stoff 2 x mit 0,5 cm Nahtzugabe zuschneiden (doppelte Stofflage). Ärmel-/Schulternaht bis H, dann Ärmel-/Seiten- und Beinnaht schließen. Beide Overallhälften von vorderer Mitte bis I zusammennähen. Ärmel und Hosenbeine einsäumen. Hintere Mitte Nahtzugabe einschlagen und mit Klettband versehen. Rüsche, wie Schnittvorgabe B zeigt, zuschneiden, gelben auf pinkfarbenen Tüll legen und 2 x der Länge nach, mittig, mit großem Stich und 0,5 cm Abstand abnähen. Einkräuseln und mit Handstichen auf vordere Mittelnaht nähen. Die Futtersocken mit 0,5 cm Nahtzugabe verstürzen (K auf L) und am Unterschenkel (Kniehöhe) anstaffieren. Kopf und Schuhe weiß lackieren sowie das Gesicht aufmalen: Augenumrandung und Pupille schwarz, Iris grün, Oberlid braun, Nase

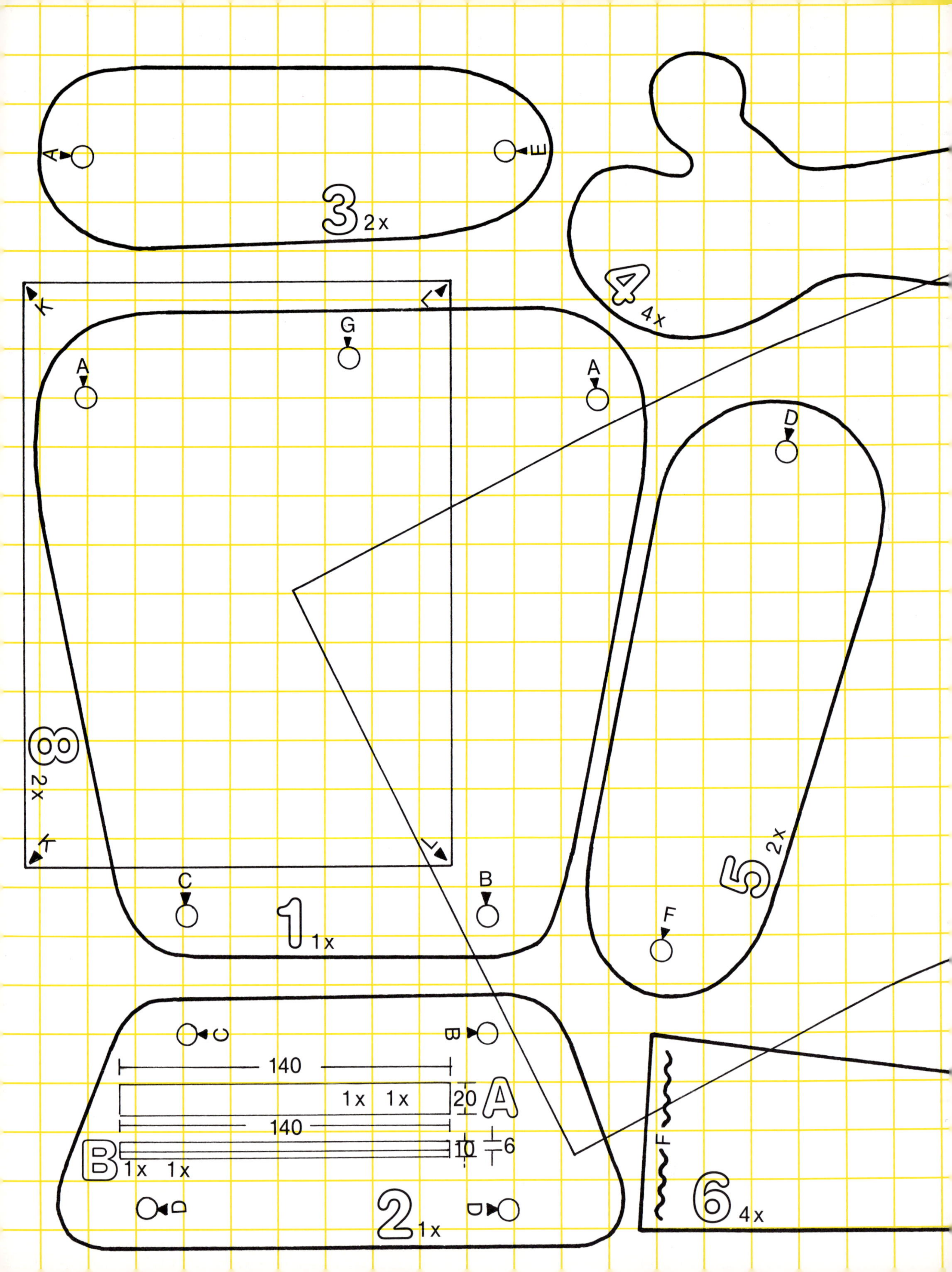

3 2x
A
E
4 4x
8 2x
K
L
1 1x
G
A
A
C
B
5 2x
D
F
2 1x
C
B
D
D
140
1x 1x
20
A
140
B 1x 1x
10
6
6 4x
F

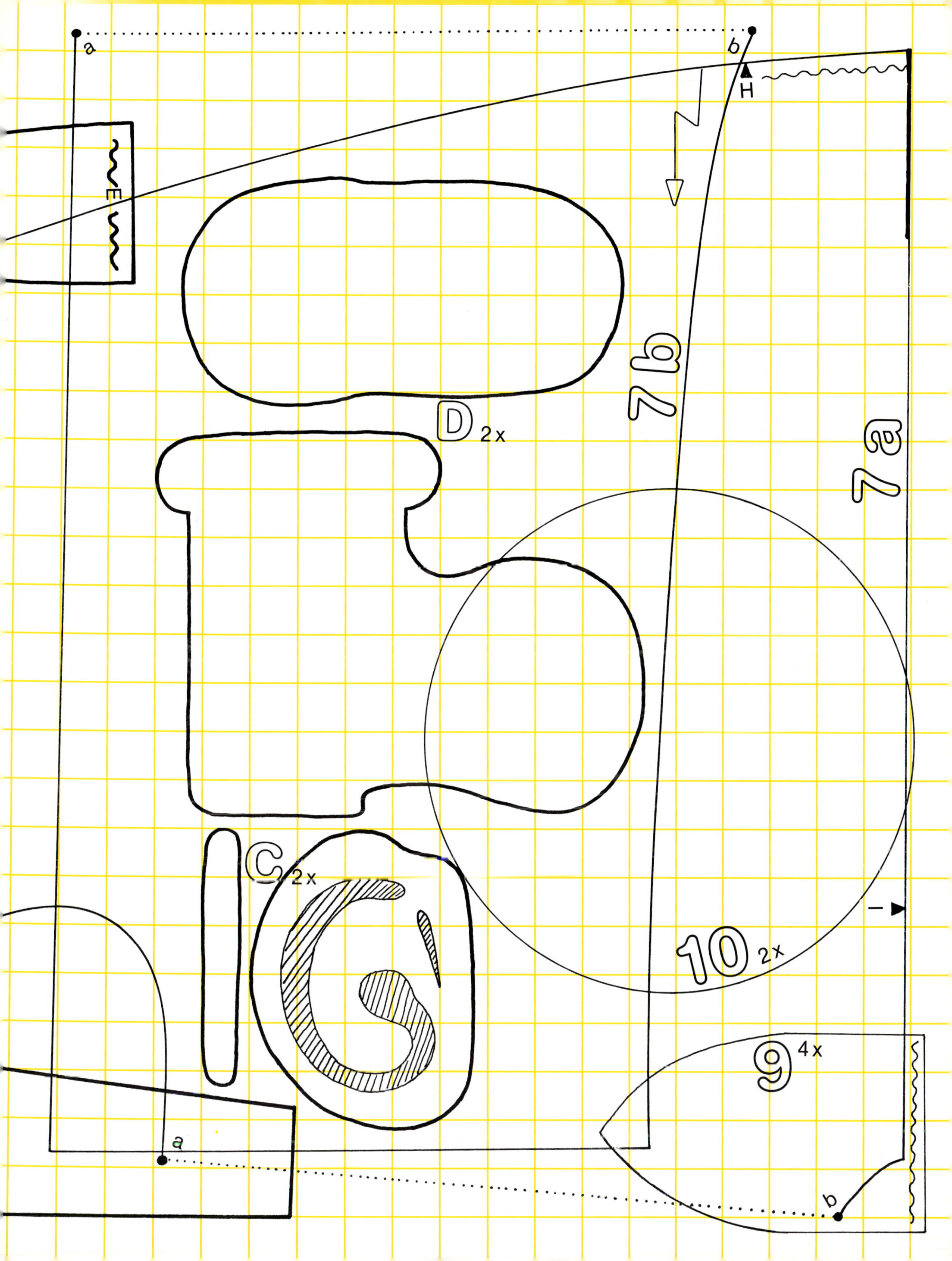
a
b
H
E
7b
7a
D 2x
C 2x
10 2x
9 4x
a
b

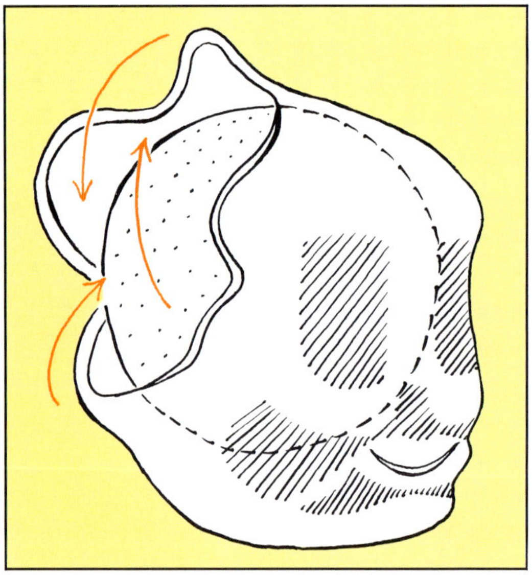

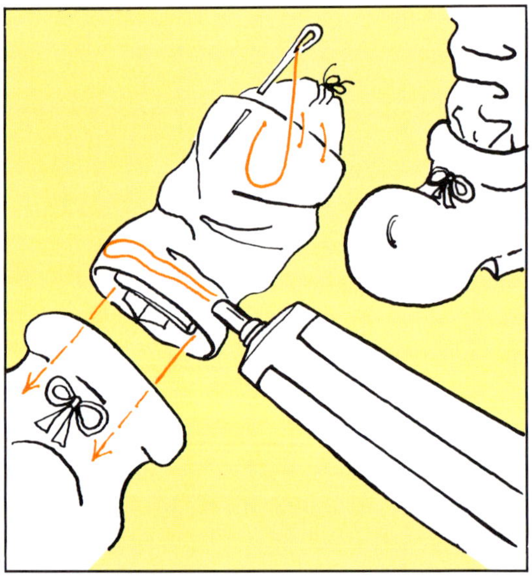

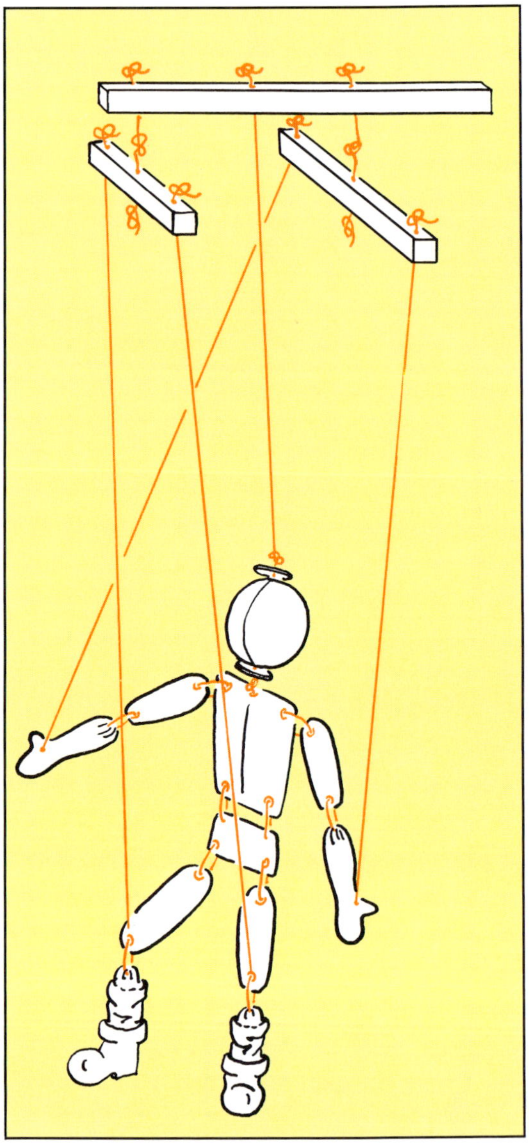

Fig. 1 *Knetmasse außen ca. 3 cm, innen ca. 4 cm dick ausrollen. Das Ganze um die Styroporkugel legen und die Verbindungsnaht glattstreichen. An der stärksten Stelle Augenbett und Wangen eindrücken und die Lippen zu einem Lächeln formen.*

Fig. 2 *Unterschenkel mit Futtersocken überziehen (Naht liegt hinten), am Knieende mit Staffierstichen annähen, unteren Sockenrand mit Klebstoff einstreichen und in den Schuh kleben. Entstehende Fältchen möglichst gleichmäßig verteilen.*

Fig. 3 *Die einzelnen Glieder locker miteinander verknoten. Das Fadenkreuz besteht aus dem Führungsholz (längs), 24 cm, dem vorderen Spielholz (quer), 22 cm, und dem hinteren Spielholz (quer), 30 cm. 3-mm-Bohrungen anbringen und mit Takelgarn durch Zwischenknoten miteinander verbinden. Mittig zwischen vorderem und hinterem Spielholz hängt das Hauptgewicht; Fadenlänge hier: 48 cm (Kopffaden). Daraus ergeben sich alle anderen Fadenlängen. Das vordere Spielholz hält die Beine, das hintere die Arme.*

und Mund rot, Schuhschleife schwarz. Futtersocken in Schuhe einkleben (siehe Fig. 2). An beiden Kopfenden einen Knopf einfädeln, das Halsende mit dem Körper (G) verknoten und den Kopf am Scheitel mit einem starken Knoten fixieren (siehe Fig. 3). Hutkrempe 1 x aus Karton ausschneiden und mit dem Filzzuschnitt bekleben. Den Rand mit Grau umkleben. Hutaufsatz zusammennähen, ausstopfen, Kante einkräuseln und auf der Krempe fixieren. Kopfschnur durch den Hut nähen und letzteren auf den Kopf kleben. Am Hinterkopf und vor den Ohren Haare aufkleben. Den Overall anziehen, die Halsöffnung einkräuseln und verknoten. Die Halskrause, wie Schnittvorlage A zeigt, zuschneiden, übereinanderlegen, wie die Rüsche der Länge nach einkräuseln, um die Halsschnur legen und am Hinterkopf verknoten. Die Tüllkanten auseinanderzupfen und Tüllreste um Handgelenk und Beine zur Schleife binden. Das Fadenkreuz mit Spielfäden, wie in Fig. 3 dargestellt, anfertigen.

Musketier „Aramis"

Vom 5-cm-Ø-Rundholz 6,5 cm für den Kopf absägen; die restlichen 13,5 cm bleiben für den Körper. Vom 13-mm-Ø-Rundholz die Körperglieder absägen: 2 x Oberarm je 8 cm, 2 x Unterarm je 7 cm, 2 x Oberschenkel je 9 cm, 2 x Unterschenkel je 11 cm, 1 x Nase 2,5 cm und 1 x Hals 2 cm. Die Gliederteile mit Ringschrauben miteinander verbinden (siehe Foto Seite 27); hierbei immer eine Ringschraube mit der Zange öffnen, einhaken, dann wieder zudrücken. Vor dem Anbringen der Ringschrauben mit einer Ahle leicht vorstechen. Die Nase vorne rundfeilen und mit dem Halsstück am Kopf mit Bastelleim ankleben. Die Haare aufkleben (siehe Fig. 1 + 2) und die Ringschrauben an der Seite und an der Kopfoberseite anbringen. Die Augen aus weißem und braunem Filz, den roten Mund (Paspelierband) in ovaler Form und die Augenbrauen sowie den Schnauzer aus Plüschresten aufkleben. Nun die Schnittvorlagen inklusive den Markierungspunkten abkopieren. Die Hand (1) 2 x auf den doppeltgelegten, beigefarbigen Filz aufzeichnen, die Konturen absteppen, dann erst knappkantig zuschneiden und leicht ausstopfen. Die Handgelenkkante auf das Unterarmholzende kleben. Das Hemdvorderteil (3), den Ärmel (4) sowie das Rückenteil (2) mit 0,5 cm Nahtzugabe zuschneiden. Das Vorderteil von E bis Saumkante zusammennähen, auf das Rückenteil legen und die Hals-/Schulternaht (A, B bis C) schließen. Die Ecke B bis zur Naht einknipsen. Hemdteile auseinanderlegen, Ärmel an der Schulterkante einkräuseln, auf Vorder- und Rückenteil legen (C, D) und annähen. Untere Ärmelkante einsäumen und die Saumspitze entlang der Stepplinie mit großer Stichlänge von links aufsteppen; dabei Fadenenden stehen lassen – nicht vernähen! Ärmel-und Seitennaht in einem Arbeitsgang schließen, dann die Spitzensteppnaht einkräuseln. Bei Punkt D die Nahtzugabe einknipsen. Die Saumkante umnähen. Die Halskante an der Umbruchlinie einschlagen und diese entlang der Kräusellinie über B mit kleinen Heftstichen festhalten; dabei Endfäden stehen lassen. Die Nahtzugabe der Verschlußöffnung zurücknähen, das Hemd anziehen, den Hals einkräuseln und die Fäden verknoten. Jabot, wie Schnittvorgaben A, B, C, D zeigen, zuschneiden, die Rüschen einkräuseln, an Teil A nähen und am Hemd befestigen. Die Weste (6, 7) mit 0,5 cm Nahtzugabe zuschneiden. Die Schulternaht (M, N) und die Seitennaht (O, P) schließen. Von der rechten Seite aus die Nähte und die Außenkante knappkantig absteppen. Die Hose (5) mit 1 cm Nahtzugabe zuschneiden, die Seitennähte (H, G), dann die inneren Beinnähte (H, I) schließen. Beide Hosenhälften dann an Gesäß und

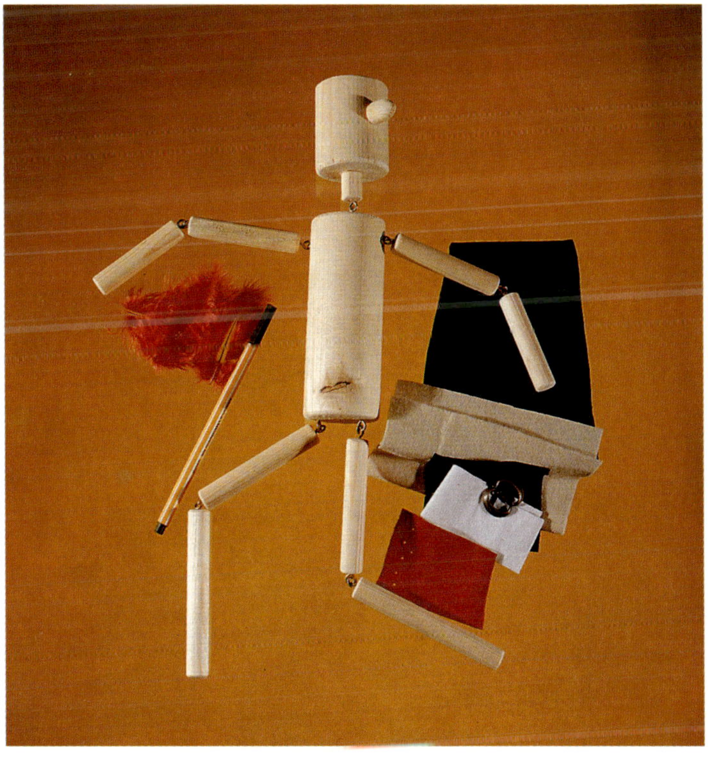

Größe: 50 cm

Material
Rundholz: Ø 5 cm; 20 cm
Rundholz: Ø 13 mm; 1,50 m
21 Ringschrauben
Filzrest: beige, 14 x 14 cm
Lackstoff: schwarz, 20 cm/140 cm br.
Lederreste: schwarz, 16 x 23 cm; grau, 28 x 48 cm
Paspelierband: rot, 50 cm/3 cm br.
Saumspitzen: 44 cm
Spitzenstoffrest: weiß
Satin oder Seide: naturweiß, 23 cm/90 cm
Langhaarplüsch: gelb, 14 x 18 cm

Alle Schnittvorlagen finden Sie auf der nächsten Doppelseite.

1 Hand
2 Hemd/Rückenteil – D, C, B, A
3 Hemd/Vorderteil – D, C, B, A, F
4 Hemd/Ärmel – C, D
5 Hinter- und Vorderhose – H, K, I, L, G
6 Weste/Vorderteil – N, M, P, O
7 Weste/Rückenteil – M, N, O, P
8 Stiefelschaft – T, V, U, R, Q, S
9 Stiefelstulpe – Q, S, Q
10 Hut/Kopfteil – X, W
11 Hutkrempe – X, W

Schnittvorgabe
A Jabotfutter
B–D Rüsche
E Haare

Fig. 1 *Die Plüschhaare 1 cm von der Kante entfernt um den Kopf kleben, so daß die seitlichen Kanten am Hinterkopf aufeinandertreffen. Trocknen lassen.*

Fig. 2 *Die vordere Mitte der Plüschhaare zur hinteren Kopfmitte legen und festkleben. Die seitlichen Plüschspitzen zur Kopfseite ziehen, entstehende Legefalten hinrichten und ebenfalls aufkleben. Ringschrauben seitlich in Ohrhöhe anbringen.*

Fig. 3 *Das Fadenkreuz besteht aus dem Führungsholz (längs), 16,5 cm; dem vorderen Spielholz (quer), 25 cm, mit Kopfspielholz (quer), 8 cm, und dem hinteren Spielholz (quer), 19,5 cm. 3-mm-Bohrungen anbringen und die Hölzer durch Zwischenknoten miteinander verbinden. Das Hauptgewicht hängt am Kopfspielfaden; Länge: 63 cm. Daraus ergeben sich alle anderen Fadenlängen.*

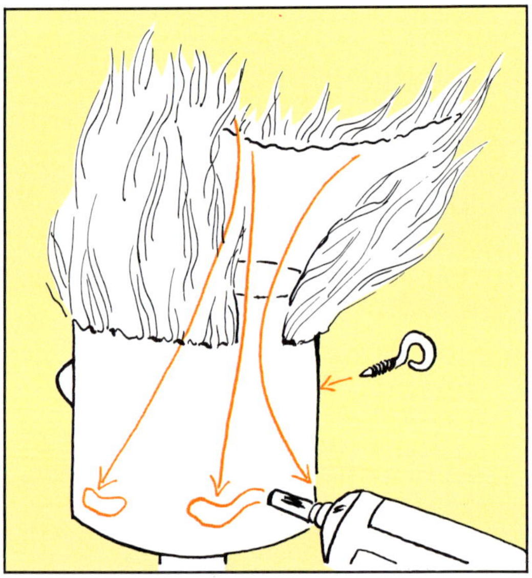

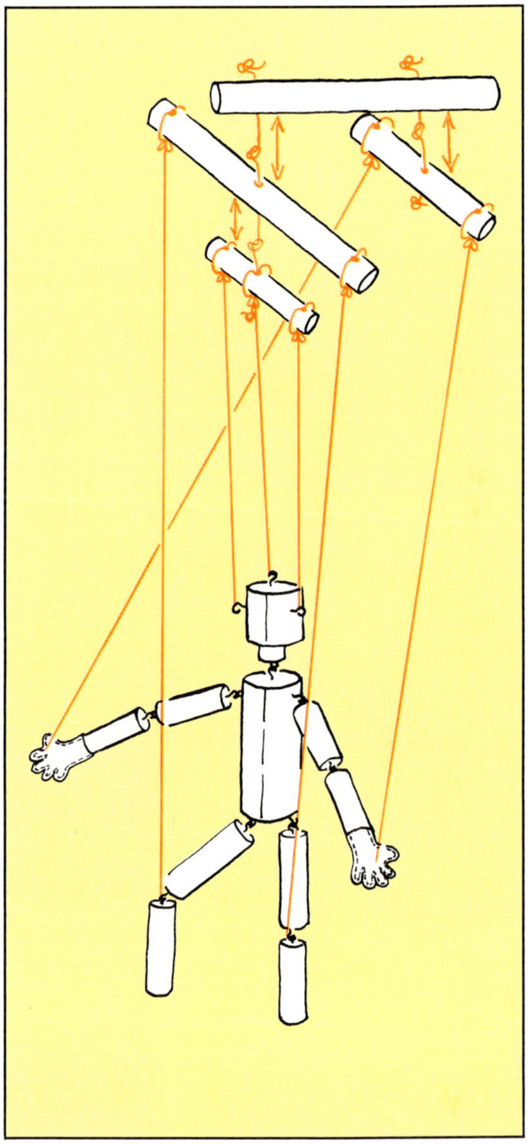

Leib zusammennähen (L, I, L). Gürtelschlaufen, am Schnitteil eingezeichnet, aufnähen; dabei Bundkante mit einsäumen. Für den Gürtel das rote Paspelierband der Länge nach hälftig legen, bei 27 cm eine Spitze schneiden, ringsum absteppen, eine Gürtelschließe an das flache Ende und die Löcher an dem spitzen Ende anbringen. Die Stiefel (8, 9) mit 0,5 cm Nahtzugabe aus dem Lackstoff zuschneiden. Paarweise aufeinanderlegen und hintere Naht schließen (S, T). Schaftteile an der äußeren Rundung verstürzen und an den Schaft nähen (Q, S, Q). Vordere Stiefelnaht (Q, R) zusammennähen, dann Zehenbreite (R auf U) und Fersenbreite (T auf V) abnähen. Fuß leicht ausstopfen, anziehen und am Knie festkleben. Den Hut (10, 11) aus Lackstoff mit 0,5 cm Nahtzugabe zuschneiden. Das Mittelteil der Krempe herausschneiden und die äußere Kante verstürzen. Das Kopfteil an den Seiten und am schmaleren Ende verstürzen und mit der offenen Kante an die Krempe nähen (X, W).

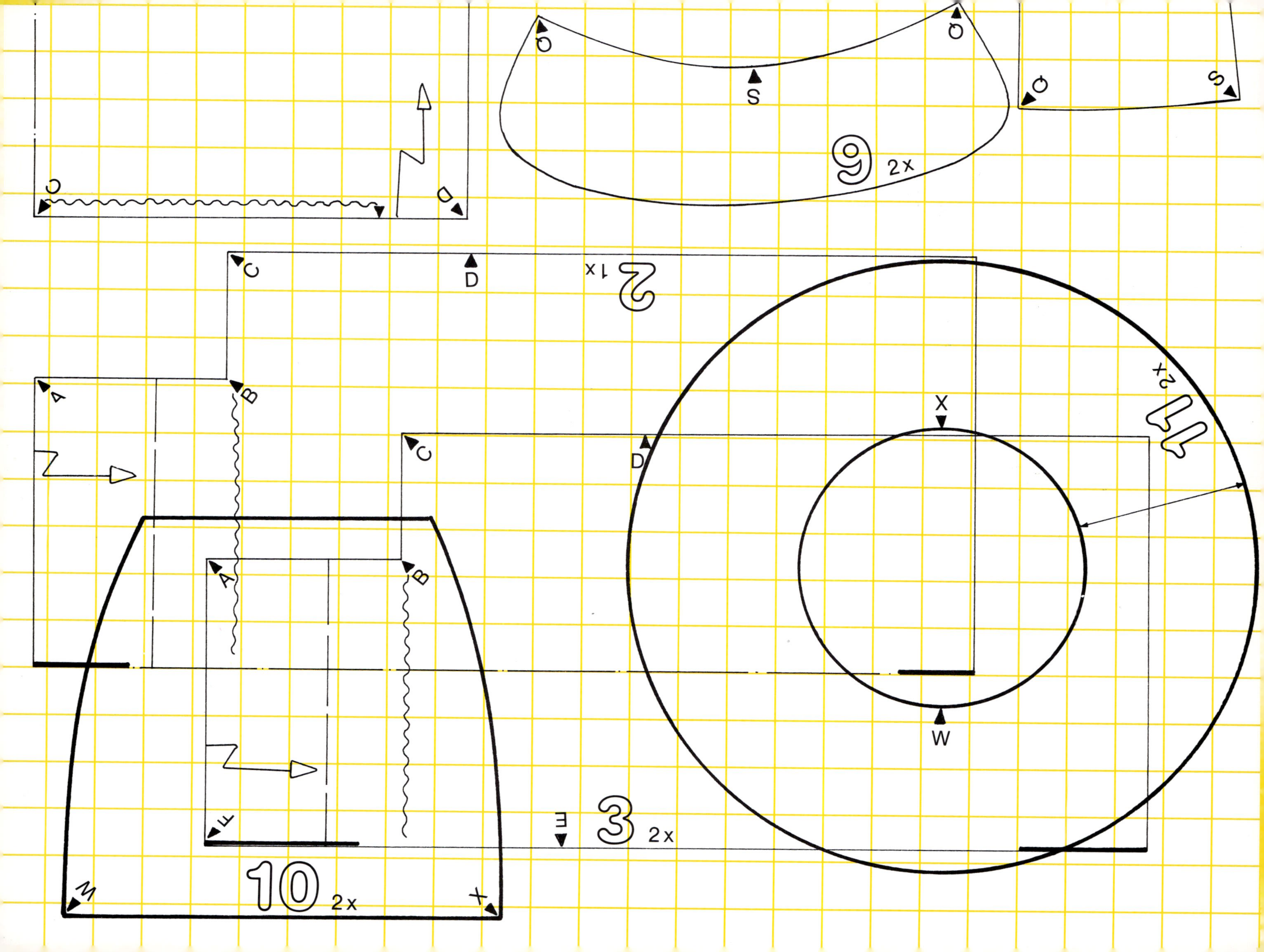

10 2x
3 2x
2 1x
11 2x
9 2x
A
B
C
D
E
F
W
X
Q
S

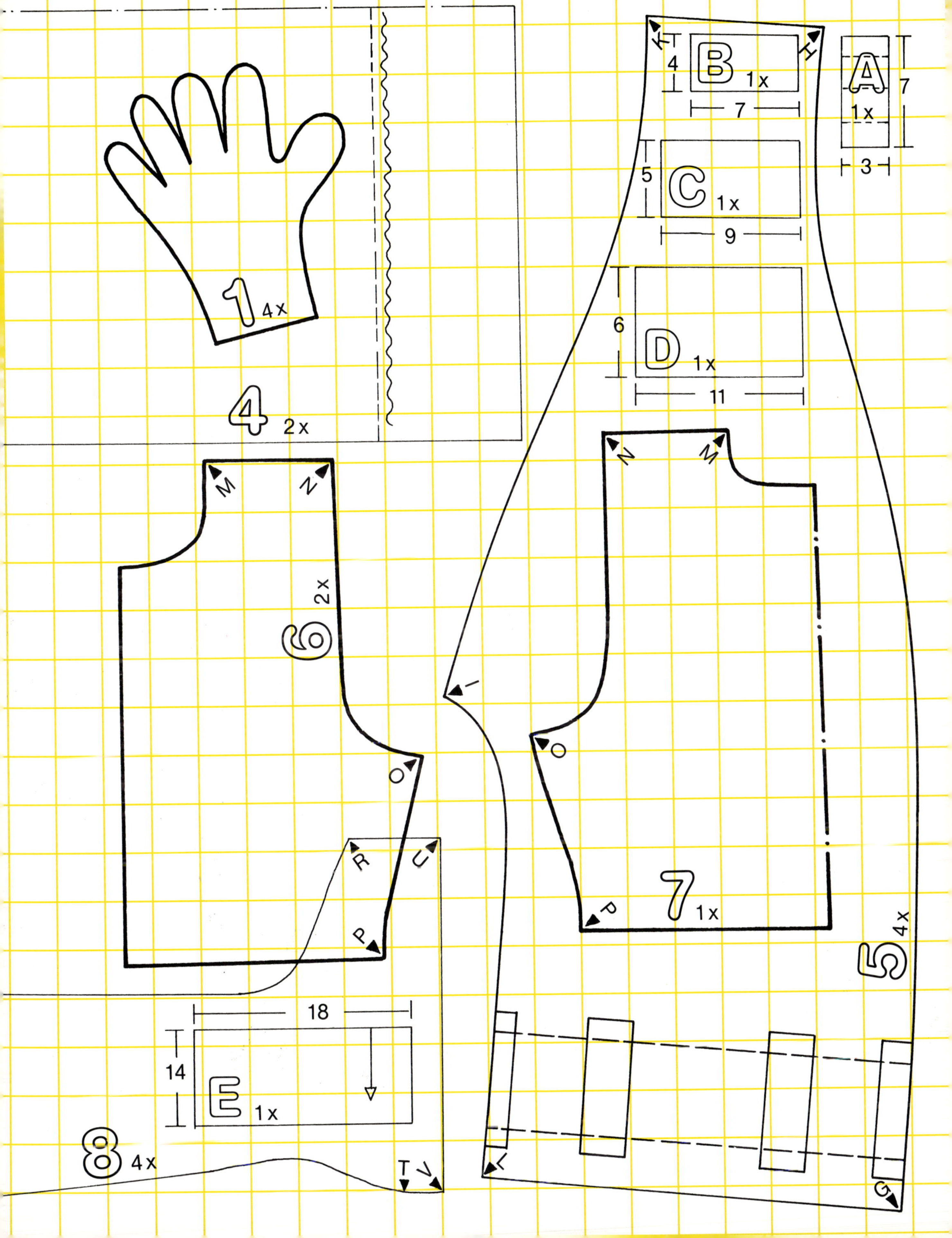

1 4x
4 2x
B 1x
4
7
A 1x
7
3
C 1x
5
9
D 1x
6
11
6 2x
M
N
O
R
U
P
7 1x
5 4x
18
14
E 1x
8 4x
T
V
G
L
K
H
I

Zahme Wildtiere

Seht her, wie geruhsam die Vier hier doch stehn,
und sich nach einem Spielgefährten umsehn.
Sie sind so zahm und lassen sich streicheln,
versucht es, euch bei ihnen einzuschmeicheln.
Man kann sie reiten – sich balgen mit diesen,
die Größe macht's, denn das sind ja Riesen.
Mit ihnen zu schmusen, ist eine Wucht,
wagt Ihr den ersten Bastelversuch?

Affe „Titu"

***Größe:* 56 cm**

Material
Webpelz: schwarz, 60 cm/140 cm br.
Leder (Imitat): grau, 2 x 30 x 30 cm
Paspelierband (Lederimitat): schwarz, 21 cm/2,5 cm br.
Füllwatte: 300 g
8-mm-Ø-Glasaugen: schwarz, 2 Stück
Nähgarn
Nylonschnur

Alle Schnittvorlagen finden Sie auf der nächsten Doppelseite.

1 Vorderes Kopfteil – K, I, H, G, G, E, D, C, F
2 Hinteres Kopfteil – K, L, G
3 Ohr – I, H
4 Stirn – D, E, P, B
5 Oberlippe – D, B, A
6 Unterlippe – D, A, C
7 Nase
8 Bauchteil – N, M, L, K, O
9 Rückenteil – L, K, O, N, M
10 Vorderes Beinteil – N, V, U, O
11 Hinteres Beinteil – T, O, N, S
12 Fuß – T, S
13 Arm – R, Q
14 Hand – Q, R

Alle Schnittvorlagen inklusive Markierungspunkte abkopieren; dabei folgendermaßen vorgehen: Schnittnummer suchen – sie steht immer an oder auf einer Linie. Von ihr ausgehend, nach rechts die Linie nach- und die einzelnen Markierungspunkte, die im nebenstehenden Schnittvorlagenhinweis aufgeführt sind, anfahren. Außerdem erleichtern die unterschiedlichen Strichstärken das Erkennen der einzelnen Schnitteile. Direkt neben der Suchnummer steht auch die Zuschnittzahl, die angibt, wie oft das Schnitteil zugeschnitten werden muß.
Es ist darauf zu achten, daß immer zwei gegengleiche Teile zugeschnitten werden. Dieser Hinweis ist besonders bei Webpelz wichtig, da dieses Material nicht in doppelter, sondern in einfacher Stofflage verarbeitet wird. Um einen genauen Überblick zu bekommen, wie die Schnitteile zueinander gehören, ist es ratsam, alle Papiervorlagen paßpunktgleich aneinanderzulegen; dabei die Markierungspunkte auf beiden Seiten der Papierschnitte kennzeichnen. So wird die Zuschnittauflage erleichtert, und man hat während des Nähvorgangs die Zugehörigkeit der einzelnen Schnitteile stets vor Augen.
Die Schnitteile 1, 2, 3, 9, 10, 11, 12 und 13 auf die Stoffseite des Webpelzes auflegen, so daß die Strichrichtung (glatte Fellage) immer vom Kopfende zum Fußende verläuft (Pfeilrichtung beachten!). Alle Teile mit 1 cm Nahtzugabe aufzeichnen. Danach noch einmal, allerdings gekontert bzw. seitenverkehrt, aufzeichnen. Das Schnitteil 8 entlang der Bruchlinie Stoß an Stoß ebenfalls kontern.

Nach dem Zuschnitt alle Teile ausschütteln, um überschüssige Haare loszuwerden.
Jetzt das Leder oder Lederimitat auflegen (linke Seite oben) und die Schnitteile 3, 4, 5, 6, 12 und 14 mit 1 cm Nahtzugabe aufzeichnen, danach alle Teile ein weiteres Mal seitenverkehrt aufzeichnen, dann zuschneiden. Schnitteil 7 nur 1 x zuschneiden.
Nun beginnt der Nähvorgang. Zuerst einige Teile vorbereiten: Je ein Leder- und ein Fellohr rechts auf rechts legen und die Außenkante (Rundung) verstürzen. Die Fellhaare dabei ins Nähgutinnere schieben und immer auf dem Leder nähen. Die Hände und Füße wie das Ohr paarweise zusammenlegen und an den Rundungen verstürzen. Danach die Finger und die Zehen, wie auf der Schnittvorlage angegeben, abnähen.
Beim Gesicht von „Titu" zuerst das Wesentliche, die Nase, wie in Fig. 1 dargestellt, vorbereiten, dann die Oberlippenteile (5) an die Stirnteile (rechts auf rechts) nähen (B, D). Bei Punkt D beginnt die Steppnaht 1 cm nach der Schnittkante. Diese beiden Teile, wiederum rechts auf rechts gelegt, entlang der Stirnmitte (E, B) und der Oberlippenmitte (B, A) zusammennähen; dabei die Nase bei Punkt P so einschieben, daß die Steppnaht 1 mm neben der Nasennaht liegt. Jetzt

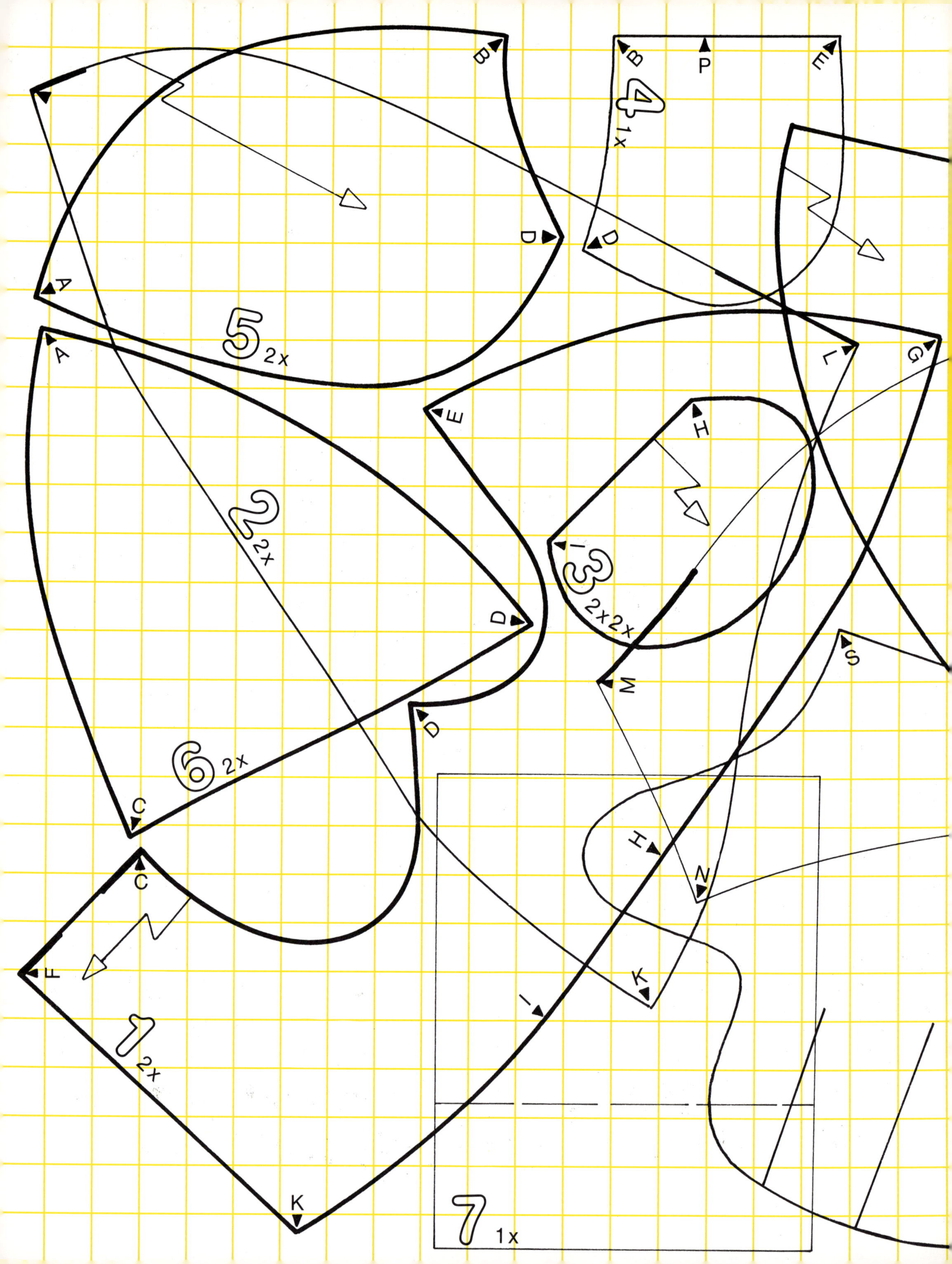

5 2x
4 1x
2 2x
3 2x2x
6 2x
1 2x
7 1x

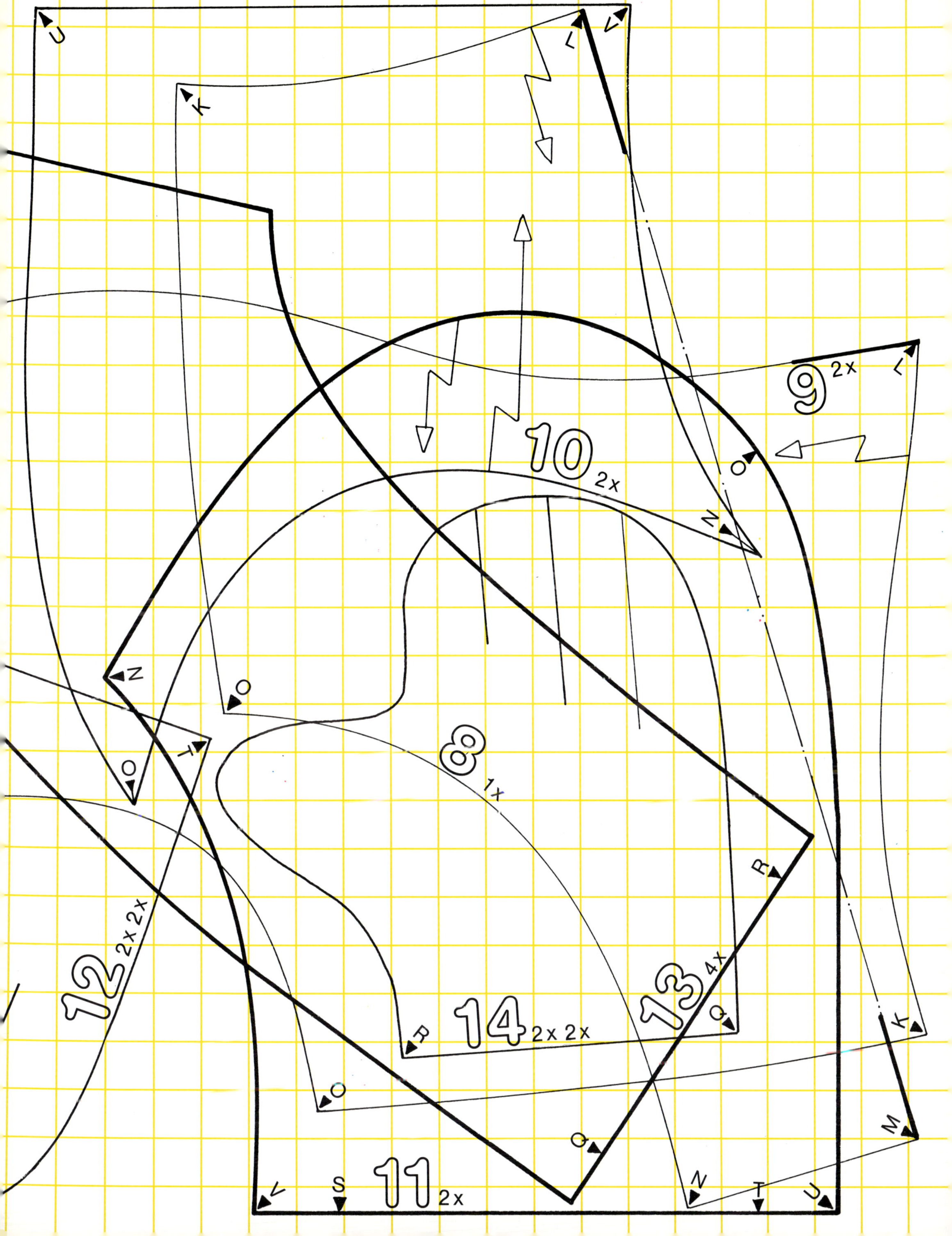

9 2x
10 2x
8 1x
11 2x
12 2x 2x
13 4x
14 2x 2x

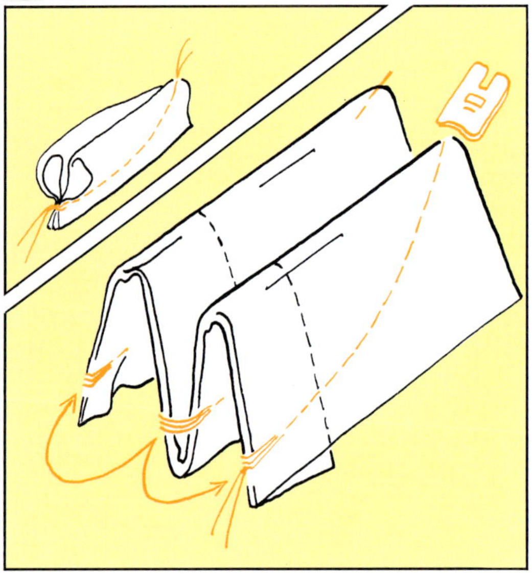

Fig. 1 Die Nase entlang der Umbruchlinie einschlagen, dann der Länge nach zickzackmäßig falten. Die unteren Schnittkanten gegeneinanderdrücken und mit 9 mm vorderem Kantenabstand schräg nach hinten bis zu den Bruchspitzen abnähen; dabei mittlere Bruchkante mitfassen, so daß zwei sich nach hinten verjüngende Tunnels entstehen.

Fig. 2 Zwei kleine Fellschnipsel in der Größe von 3 x 0,5 cm schneiden und an den Stirnansatz kleben; darauf achten, daß die Strichrichtung nach außen verläuft.

die Unterlippe (6) in der vorderen Mitte (Kinn) zusammennähen (A, C). Auf die Oberlippe das schwarze, 2,5 cm breite, der Länge nach auf Bruch gelegte Paspelierband schnittkantengleich und ausgemittelt aufnähen. Die Enden zur Schnittkante hin ziehen. Danach die Unterlippe rechts auf rechts schnittkantengleich darüberlegen (D, A, D) und den Mund zusammennähen. Das vordere Kopfteil (1) an der vorderen Kopfmitte (E, G) und der vorderen Halsmitte (C, F) zusammennähen.
Nun das Gesicht einpassen (E, D, C, D, E). Bei den Ecken die Nadel im Stoff lassen, diesen drehen, dann weiternähen. Das hintere Kopfteil an der hinteren Mitte (L, G) zusammennähen. Danach die seitliche Kopfnaht (K, G) mit eingelegtem Ohr (H, I) schließen.
Den Kopf ausstopfen und die Form überprüfen. Die hintere Mitte (L, M) vom Rückenteil (9) schließen, am Schritt (N, M, N) auf das Vorderteil legen und die Naht schließen; aufgeschlagen beiseite legen. Vorderes und hinteres Beinteil entlang der Schrittnaht (N, V) zusammennähen, auseinanderklappen und auf den Beinausschnitt von Vorder- und Rückenteil legen (O, N, O). Darauf achten, daß das Hinterbein auf das Rückenteil und das Vorderbein auf das Vorderteil trifft. Jetzt die Seitennaht (K, O) und äußere Beinnaht (O, U) in einem Arbeitsgang schließen; dabei das Körpervorderteil und Rückenteil aufeinanderlegen. Die Füße am Beinende schnittkantengleich einlegen (S, T) und die Strecke U bis V abnähen. Den Körper durch das Halsloch verstürzen und ausstopfen. Den Kopf auf den Körper setzen und mit einer Nylonschnur die Halsnaht mit Staffierstichen zunähen; dabei die gesamte Strecke etwas einhalten. Die Arme paarweise rechts auf rechts legen, die Hand einschieben (Q, R) und die Außen-, Innen- und Saumkanten verstürzen.
Die Nahtzugabe der offenen Kanten einschlagen, zusammennähen und mit Nylonschnur an der Seitennaht ab Hals fest annähen.

Die Augen und Augenbrauen noch aufkleben (siehe Fig. 2) und fertig ist Affe „Titu".

Achtung!

Füße, Hände und Ohren erst einstecken, Lage überprüfen, dann einnähen.

Leopard „Chico“

Alle Schnittvorlagen inklusive den Markierungspunkten abkopieren.
Teile 1a und 1b sowie 2a und 2b, den Buchstaben entsprechend (a/b und c/d), mit einem Klebstreifen zusammensetzen. Im weiteren Anleitungstext wird nur noch von Schnitteil 1 und 2 die Rede sein.
Den Webpelz mit der Stoffseite oben in einfacher Stofflage auflegen und die Schnitteile 1, 2, 3, 4, 5, 9 und 10 mit 1 cm Nahtzugabe aufzeichnen, kontern, d. h. noch einmal seitenverkehrt auflegen, und darauf achten, daß die Strichrichtung des Fells (glatte Fellage) von der Schnauze zum Schwanzende hin verläuft.
Am besten alle Schnitteile vor dem Zuschnitt paßpunktgleich aneinanderlegen, so daß die Schnittform des Leoparden klar zu erkennen ist.
Schnitt 1 ist das Innen- bzw. Bauchteil und liegt während dem Nähen unter den Schnitteilen 2 und 3.
Beim Zuschnitt sollte auch die Zeichnung des Fells beachtet werden.
Wie die Fotos zeigen, zieht sich die stark gefleckte Fläche über den Rücken; die kleinen Flekken über Bauch und Beine. Die Zeichnung ist auch von der linken Stoffseite aus sehr gut zu erkennen.
Bei der Schnittauflage an einer Webkante des Webpelzes ca. 16–18 cm für den Schwanz frei lassen und diesen zum Schluß mit 48 cm Länge zuschneiden.
Die Schnitteile 5, 6, 7 und 8, wie auf der Vorlage durch die Zuschnittnummer angegeben, auf das ockerfarbene Lederstück mit 1 cm Nahtzugabe aufzeichnen; dabei Schnitteile 7 und 8 entlang der Bruchkantenlinie Stoß an Stoß kontern oder diese beiden Teile im Bruch liegend zuschneiden.
Jetzt kann der Nähvorgang beginnen.
Die Schnauzenteile (6, 7, 8) wie folgt zusammennähen:
Zuerst die vordere Mitte von Ober- (ab Paßpunkt B) und Unterlippe (ab Paßpunkt D) des Schnitteils 6 jeweils bis zur Abnäherkante schließen.
Den Abnäher (Naht auf Naht) rechts auf rechts aufeinanderlegen, einen 6 cm langen und 2,5 cm breiten Lederstreifen der Länge nach falten und schnittkantengleich dazwischenlegen; den Abnäher ausnähen.
Das Nasenteil (7) auf das Schnauzenteil (6) rechts auf rechts legen und rund einnähen (A, B, A).
Das Kinnteil (8) von unten anlegen und ebenfalls annähen (C, D, C).
Das Schnauzenteil erstmals zur Seite legen.
Je ein Leder- und ein Fellohr rechts auf rechts entlang der Rundung verstürzen, in den Abnäher vom seitlichen Kopfteil (4) legen (K, L), darauf achten, daß die Lederseite nach vorn zeigt, und den Abnäher nähen (G auf G). Das Stirn- und Halsteil (9) paßpunktgleich auf das Kopfteil (4) stecken und annähen (E, G, H). Ebenso das Kinn-Halsteil (10) anpassen und nähen (F, I). Die Grundform des Kopfes ist fertig, wenn das Schnauzenteil aus Leder in der vorderen Kopföffnung eingenäht ist. Hierbei ist zu beachten, daß das Nasenteil der Schnauze nahtgleich mit dem Stirn-Hals-

Länge: 57 cm

Material
Webpelz: ocker/ schwarz gefleckt, 70 cm/140 cm br.
Leder: ocker, 20 x 15 cm
Plastiknase: 1 Katzenform
Lederreste: braun, rot
Glasaugen: schwarz, 2 Stück, Ø 11 mm
Füllwatte: ca. 750 g
Nylonschnur
Nähgarn

Alle Schnittvorlagen finden Sie auf der nächsten Doppelseite.

1a Hinterbein mit Bauchteil – a, P, O, b
1b Vorderbein mit Bauchteil – a, b, N
2a Gesäß – O, d, c, P
2b Brust mit Vorderbein – d, N, M, c
3 Hinterbein mit Schenkel – P, O, P
4 Seitliches Kopfteil – I, F, E, G, L, K, G, H
5 Ohr – K, L
6 Schnauze – B, A, C, D
7 Nasenteil – B, A
8 Kinnteil – C, D
9 Stirn-Halsteil – E, M, H, G
10 Kinn-Halsteil – F, I, N

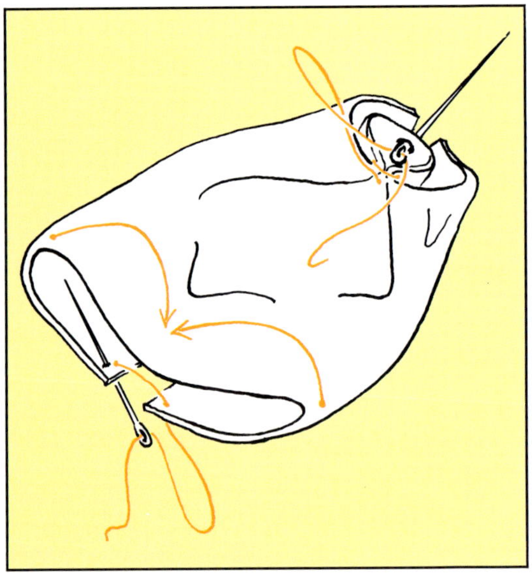

Fig. 1 *Ober- und Unterlid entstehen durch den 3,5 x 5 cm großen Lederrest, der an den schmalen Kanten lokker zusammengenäht ist. Die Bruchkanten werden zur Mitte hin gelegt, dann an beiden Enden zusammengenäht. Zum Schluß die Nadel zur Rückseite hin durchstechen und dort den Faden vernähen.*

Fig. 2 *Nachdem das Glasauge ein-, das Ober- und Unterlid aufgeklebt ist, wird ein doppelt gelegter, 6 mm schmaler Fellstreifen über dem Augenlid angebracht. Darauf achten, daß das Auge nicht zu weit hinten sitzt. Die 1 mm breiten Barthaare, von einem Plastikordner (Schnellhefter) abgetrennt, werden an einer Seite zur Spitze geschnitten und mit dem stumpfen Ende neben der Nase in einer Dreiecksform angeordnet aufgeklebt.*

teil ist und das Kinnteil nahtgleich mit dem Kinn-Halsteil.
Das hintere Schenkelbein (3) entlang der Rundung (P, O) leicht einkräuseln (große Stichlängeneinstellung) und an das Körperteil (2) nähen (P, O); die Naht beginnt und endet 1 cm vor der Schnittkante.
Die Rückenmittelnaht vom Körper schließen (M, P). Das Bauchteil (1) rechts auf rechts dem Körperteil anpassen und die äußeren Kanten (P, hintere Beinform; O, Bauchseite; vordere Beinform, N) abnähen. Darauf achten, daß die Rundungen sauber ausgenäht werden. Nun die Bauchmittelnaht von N bis P schließen und alles durch die Halsöffnung verstürzen.
Den Kopf und den Körper mit Füllwatte ausstopfen; bei letzterem zuerst die Füße, dann weitergehend vom Hinterteil bis zum Hals.
Nicht zuviel Füllwatte auf einmal nehmen, da sonst Lufträume entstehen, die sich später, nach der Fertigstellung, auf die Form unschön auswirken.
Den Kopf am Hals des Körpers feststecken (M, N) und mit Staffierstichen und einer Nylonschnur die Kanten zusammennähen. Die Naht muß dabei etwas eingehalten werden.
Die Plastiknase zur Hälfte mit Klebstoff (z. B. Uhu) versehen und fest auf die Schnauzenspitze drücken.
Ein Zungenstück mit 2 cm Länge aus Filz oder Leder unterhalb des Mundstreifens ankleben sowie die Barthaare und die Augen, wie in Fig. 1 und 2 dargestellt, anfertigen und aufkleben. Hierzu für die Augen zwei 3,5 x 5 cm große Lederreste zuschneiden. Jedes Augenteil separat der Länge nach beidseitig einschlagen und die Kanten Stoß an Stoß zusammenstaffieren. Die Bruchkanten anschließend zur Mitte hin legen und nur die Eckkanten (Bruchkante) zusammennähen. Auf der Rückseite vernähen. Zuerst die Augen anlegen, deren optimale Lage überprüfen, dann erst aufkleben. Der Fellstreifen über dem Oberlid darf wulstig erscheinen, dadurch erhält der Kopf seine katzenhafte Form.
Den Schwanz der Länge nach verstürzen, davon ein Ende rund abnähen, das andere Ende zusammenziehen, dabei die Nahtzugabe nach innen legen, und an das Hinterteil bei Punkt P fest annähen.
Jetzt noch ein Halsband anlegen und fertig ist das Schmusemodell „Chico".

Achtung!

Bei mehreren aufeinandertreffenden Eckpunkten alle Nähte 1 cm nach der Schnittkante beginnen. Das gleiche gilt für Eckpunkte am Ende einer Naht. Hier dann 1 cm vor der Schnittkante vernähen. Durch diese Handhabung werden bei Beginn oder am Ende einer neuen Naht immer nur 2 Stofflagen unter dem Steppfüßchen liegen.

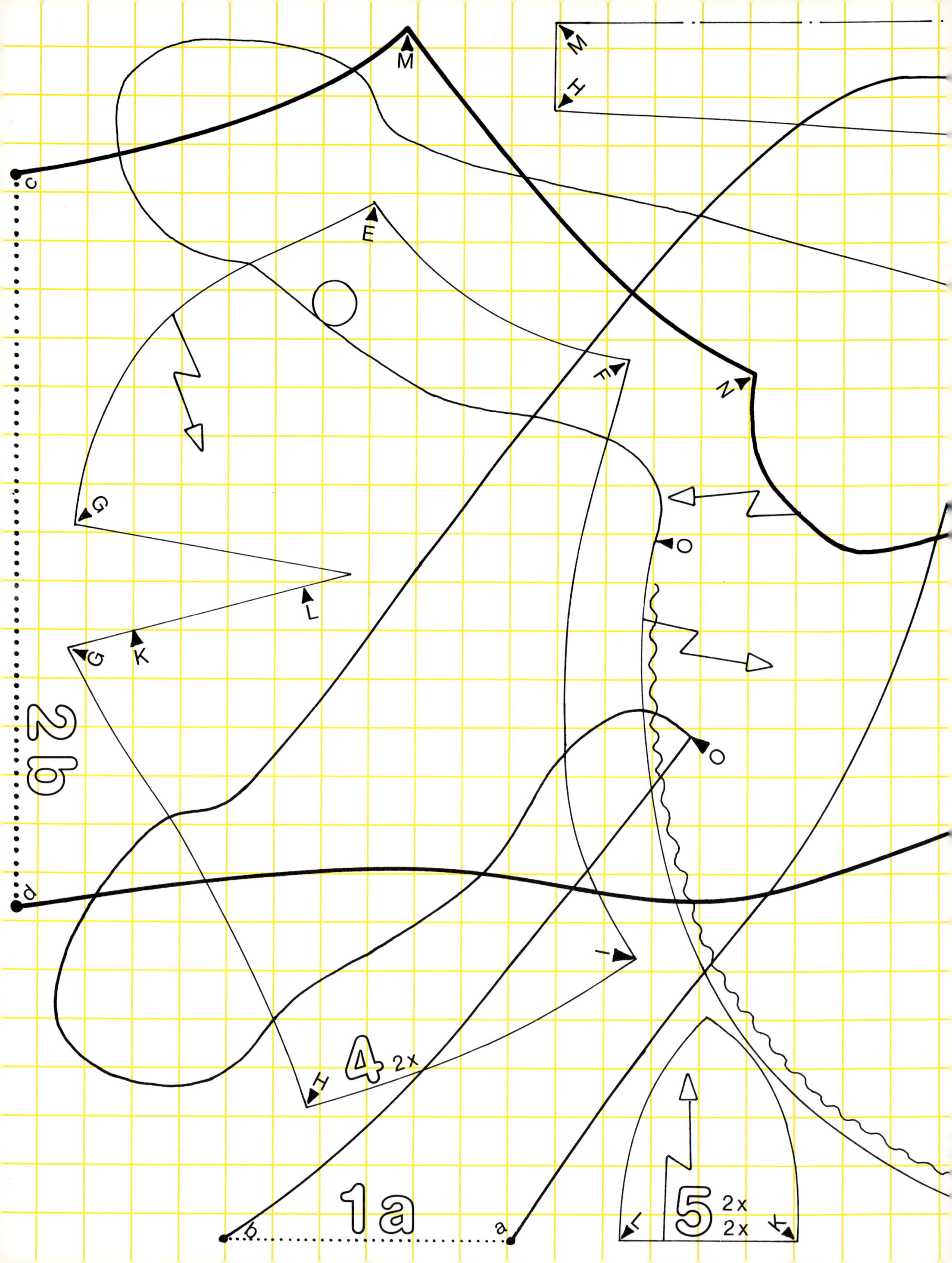

2b
1a
4 2x
5 2x 2x
a
b
c
d
E
F
G
H
I
K
L
M
N
O

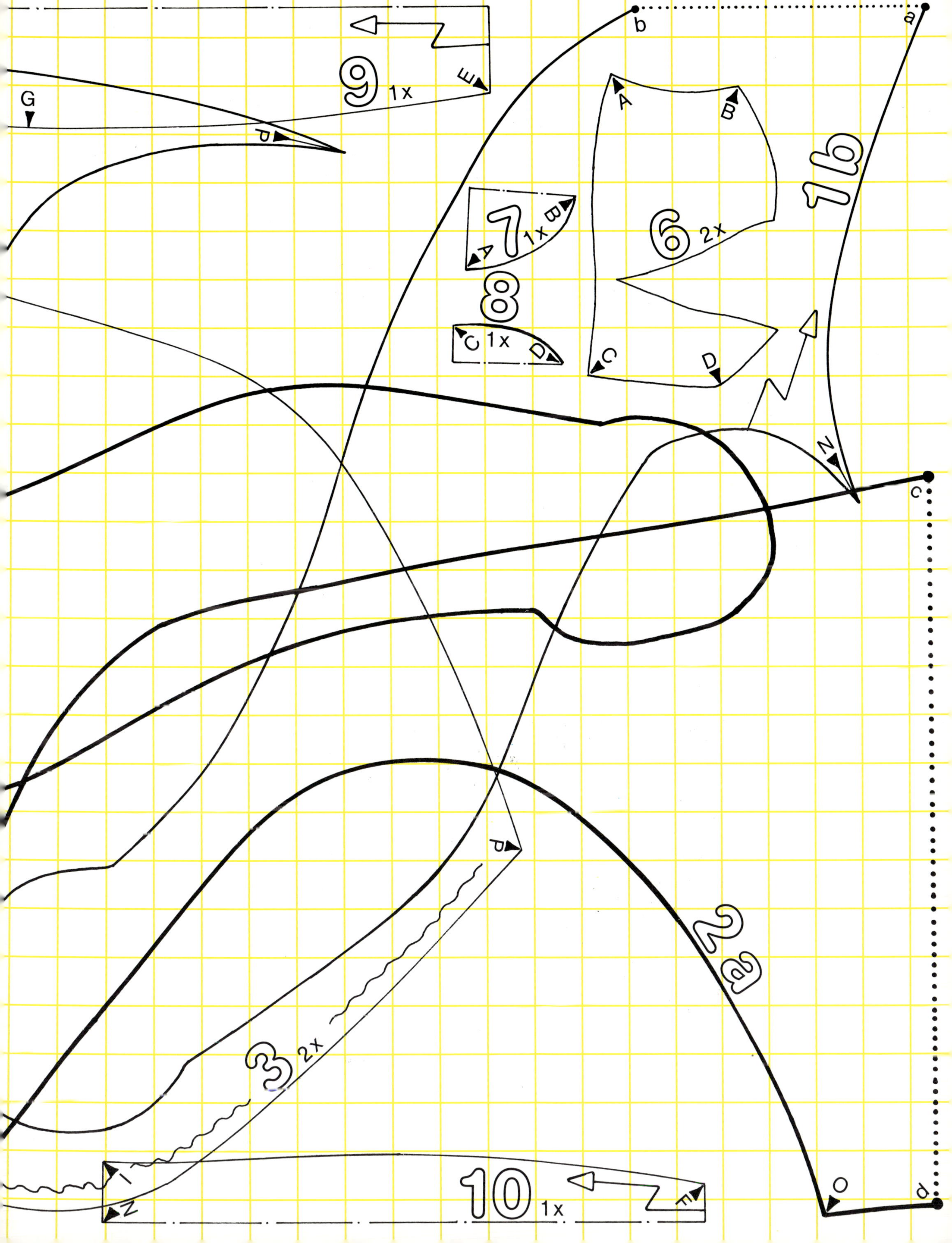

9 1x
E
G
P
b
a
1b
A
B
6 2x
7 1x
B
A
8
C 1x D
C
D
N
c
2a
P
3 2x
10 1x
I
Z
F
O
d

Eisbär „Burschi“

Länge: 64 cm

Material
Webpelz: weiß, 1 m/140 cm br.
Leder (Lederimitat): weiß, 18 x 22 cm
Plastiknase: 1 Bärenform
Lederrest (Paspelierband: schwarz, rot
Glasaugen: 2 Stück, schwarz/weiß, Ø 1 cm (Pupille)
Füllwatte: ca. 1.000 g
Nähgarn
Knopflochgarn

Die Schnittvorlagen auf der nächsten Doppelseite abkopieren; dabei alle Markierungspunkte beachten und anzeichnen. Schnitteile 1a und 1b entlang der gepunkteten Linie (a/b) Stoß an Stoß mit einem transparenten Klebstreifen zusammensetzen.
Das gleiche geschieht mit den Schnitteilen 2a und 2b (c/d). In der weiteren Anleitung wird nun nur noch die Rede von Schnitteil 1 und 2 sein.
Für den Zuschnitt die Hinweise von Fig. 3 und 4 auf der Seite 9 beachten.
Alle Schnitteile immer in Strichrichtung (glatte Fellage) mit 1 cm Nahtzugabe zuerst aufzeichnen, dann erst zuschneiden.
Schnitteil 2 aufstecken und Schnitt 1 Stoß an Stoß (I, A) dazustecken.
Den gesamten Körper aufzeichnen, kontern, d. h. den Schnitt seitenverkehrt ein weiteres Mal aufzeichnen.
Jetzt Schnitt 1 noch 1 x allein als Bauchteil aufzeichnen und ebenfalls kontern. Schnitt 5, 2 x, und auch Schnitt 6, 2 x, aufzeichnen.
Nahtzugabe nicht vergessen!
Alle Teile zuschneiden; nur den Webstoff schneiden – nicht das Fell. Das Leder oder Lederimitat, linke Seite oben, auflegen und die Schnitteile 3, 4 und 5 mit einem dünnen Filzschreiber (helle Farbe) aufzeichnen, kontern (Schnitteil 4 direkt entlang der Bruchlinie anlegen), dann zuschneiden. Jetzt beginnt der Nähvorgang. Verwenden Sie bitte kein Billignähgarn, das beim Ausstopfen sofort reißen würde.
Bei der Verarbeitung von Leder am besten eine Ledernadel verwenden oder eine normale Nadel mit 100er Stärke. Wenn möglich, auch keine Stecknadeln verwenden, da die Einstiche sichtbar bleiben.
Zuerst die kleinen Teile wie Ohr (5), Schwanz (6) und Schnauze (3, 4) vorbereiten. Je ein Leder- und ein Fellohr paarweise rechts auf rechts entlang der Rundung verstürzen; dabei auf dem Lederohr nähen. Auf der Lederseite, wie auf der Schnittvorlage eingezeichnet, eine kleine Falte einheften (siehe Fig. 1).
Die Schwanzteile ebenfalls rechts auf rechts legen, entlang der Rundung verstürzen und der Länge nach hälftig legen (L auf L), anheften und erstmals beiseite legen.
Die Schnauzenteile (3) rechts auf rechts legen und entlang der Strecke C bis D die vordere Mitte (bis Abnäherkante) zusammennähen, dabei die Nadel in der Ecke von C unten stehen lassen, das Nähgut drehen und wieder weiternähen.
Jetzt bei der Abnähernahtzugabe senkrecht bis Punkt B die vordere Mitte 1 cm schließen. Nun das Kinnteil (4) paßpunktgleich (A, B) an das Schnauzenteil rund einnähen.
Die Mittelnaht von Kinn und Schnauze rechts auf rechts zusammenstecken.
Aus dem schwarzen Lederrest einen 2,5 cm breiten und 13 cm langen Streifen schneiden (oder ein entsprechend breites Paspelierband verwenden), der Länge

Alle Schnittvorlagen finden Sie auf der nächsten Doppelseite.

1a Halsteil – A, E, b, a
1b Bauchteil – I, a, b
2 a Kopfteil – d, c, F, H, G, F, B, A
2b Rückenteil – I, K, c, d
3 Schnauze – B A, D, C
4 Kinn – E, A, B
5 Ohr – G, H
6 Schwanz – L, K, L

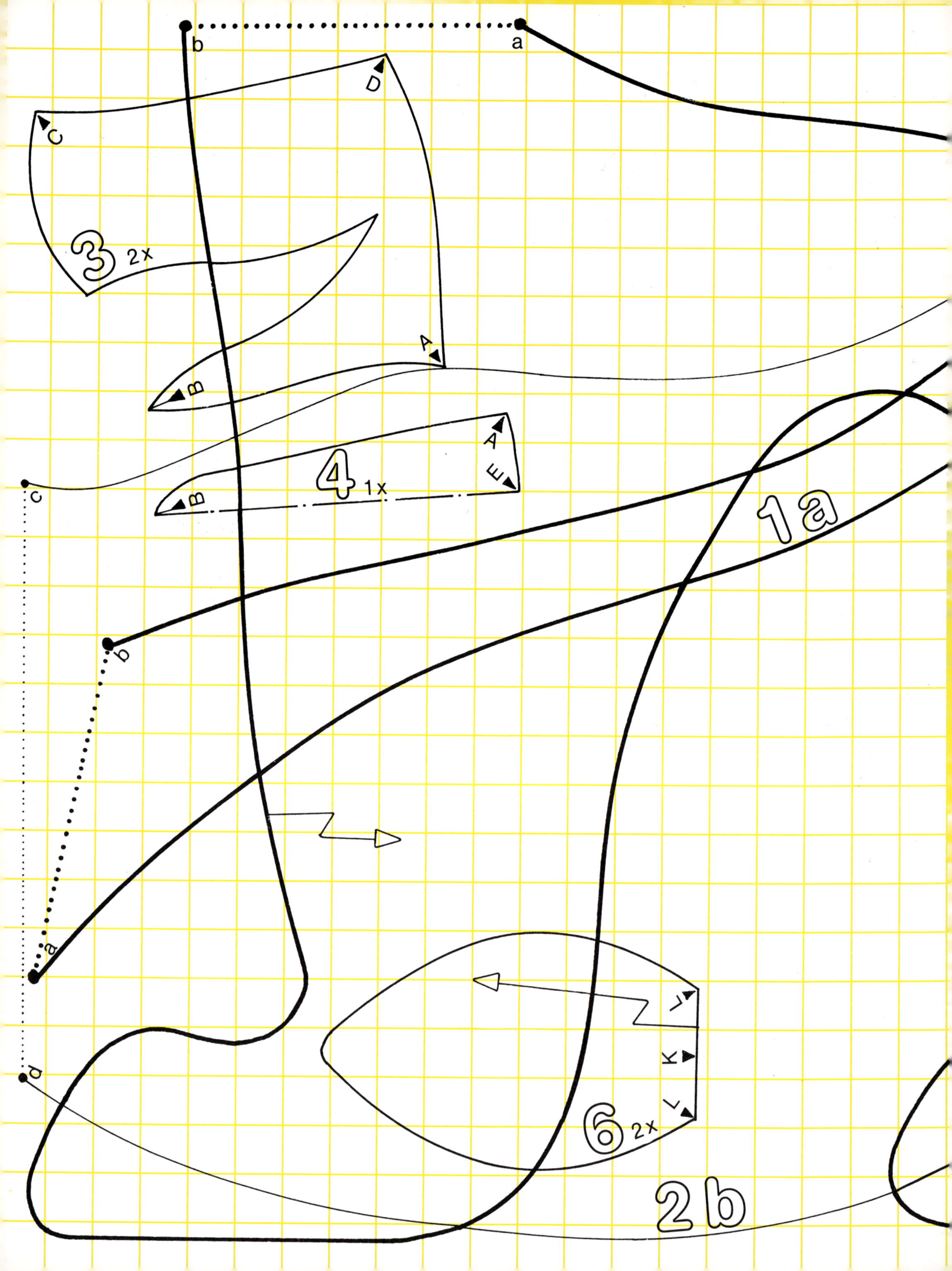

b
a
D
C
3 2x
A
B
A
4 1x
E
B
c
1a
b
a
d
L
K
L
6 2x
2b

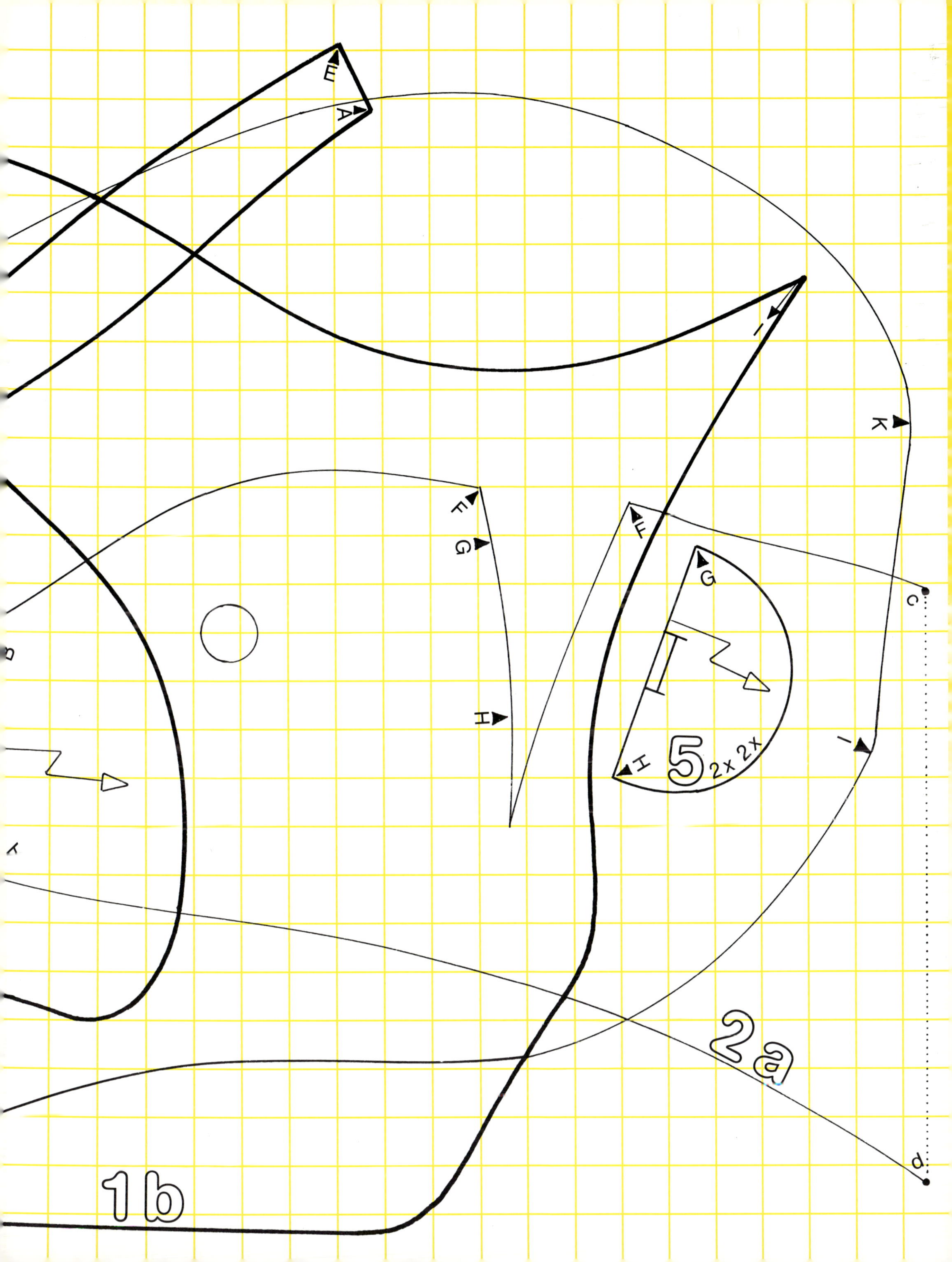
E
A
I
K
F
G
H
F
G
H
c
5
2x 2x
I
2a
d
1b

Fig. 1 *Auf der Lederseite des verstürzten Ohrs eine kleine Falte legen und mit ein paar Stichen festnähen.*

Fig. 2 *Die Bärennase mit Klebstoff versehen und fest auf die Schnauzenspitze drükken. Die Glasaugen zwischen Ohr und Schnauzenansatz anbringen.*

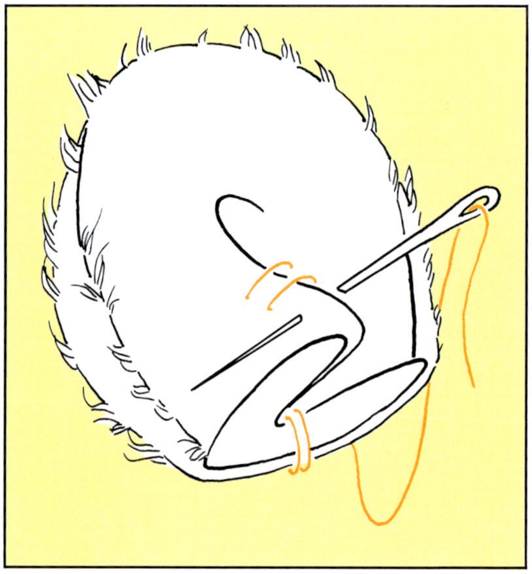

nach hälftig legen und in den Abnäher (Maul) schnittkantengleich einlegen. Den Abnäher ausnähen; dabei die Enden des Streifens etwas zur Schnittkante hin ziehen.

Jetzt den Körper zusammennähen. Die Ohren in den Kopfabnäher legen (G, H) und einnähen (F auf F).

Je ein Bauchteil (1) und ein Körperteil (1/2) rechts auf rechts legen und verstürzen; bei Punkt E beginnen, dann den Hals, die Vorderpratze, die seitliche Bauchkante, die Hinterpratze und bei Punkt I enden.

Jetzt den Schwanz an einem dieser Teile bei Punkt K schnittkantengleich anheften, wobei die Bruchkante zur Rückenkante liegt.

Die Körperteile rechts auf rechts am Rücken zusammenstecken und die Stirn (D), den Hals, das Rückgrat, das Hinterteil (K, I), das noch offene Bauchteil über den Hals bis zum Kinn zusammennähen. In der Bauchmitte eine 15 cm lange Öffnung zum Verstürzen und Ausstopfen stehen lassen.

Die Schnauze am Kopf rechts auf rechts einstecken, so daß die Kinnähte (A) exakt auf die Halsnähte treffen, dann einnähen.

Den ganzen Körper durch die Öffnung verstürzen und die einzelnen Glieder ausrichten. Zuerst die Schnauze, dann die Füße und danach den Körper mit einer Hochbauschwatte kräftig ausstopfen.

Nicht zuviel Watte auf einmal nehmen, da sonst Luftlöcher entstehen, die sich später unschön auf die gesamte Form auswirken.

Immer wieder kräftig mit einem Stab oder Kochlöffelstiel nachstopfen und die einzelnen Glieder in Form drücken.

Die Stopföffnung mit Staffierstichen und einem Knopflochgarn zunähen.

Zum Schluß ein Zungenstück an die Schnauze kleben, die Nase mit Klebstoff (z. B. Uhu) einstreichen (siehe Fig. 2) und auf die Nasenspitze fest aufdrükken. Die Nase ein paar Minuten festhalten, bis der Kleber angezogen hat.

Nun noch die Augen zwischen Ohr und Schnauzenansatz beidseitig aufkleben und fertig ist Eisbär „Burschi".

Achtung!

Vor dem Zuschnitt alle Schnitteile aufzeichnen, so daß immer noch die Möglichkeit einer Schnittkorrektur besteht. Außerdem wird bei der Verarbeitung von Leder und Pelz beim Zusammennähen beider Materialien immer auf der Lederseite gesteppt. Das Steppfüßchen gleitet besser über das Leder, als das Leder über die Stichplatte.

Kamel „Ali“

Alle Schnittvorlagen abkopieren und die Paßpunkte sowie auch die Zuschnittnummern anzeichnen. Die Schnitteile 1a und 1b entlang der gepunkteten Linie von a bis b, Stoß an Stoß, zusammenkleben. Bei den Schnitteilen 2a, 2b und 2c zuerst entlang der Strecke c bis d, dann von e bis f ebenso verfahren. Im weiteren Anleitungstext wird nur noch die Rede von Schnitteil 1 und 2 sein. Um einen Überblick über die gesamte Körperform zu bekommen, alle Schnitteile so aneinanderlegen, daß die betreffenden Paßpunkte aneinanderstoßen. Jetzt so gut wie möglich die Form einprägen, so haben Sie den Schnitt während des Nähvorgangs immer vor Augen.

Den Webpelz mit der Stoffseite nach oben gerichtet flach auflegen. Die Strichrichtung überprüfen und alle Schnitteile mit dem Fadenlaufpfeil in Richtung glatter Fellage zeigend mit 1 cm Nahtzugabe aufzeichnen. Ein feiner Filzschreiber eignet sich hierfür hervorragend. Schnitteil 1 aufstecken, Schnitteil 2 Stoß an Stoß (G, F) dazustecken, aufzeichnen und kontern, d. h. noch einmal seitenverkehrt aufzeichnen. Diese Teile zuschneiden und erstmals beiseite legen. Beim Langhaarplüsch folgende Maße aufzeichnen: für den Hökker 30 x 30 cm, für das Schwanzende 10 x 3 cm (Strichrichtung liegt auf der 10-cm-Strecke), für die Kopfhaare 12 x 3 cm und für das Halsteil 23 x 10 cm. Diese Maße können, je nach Eigengeschmack, selbstverständlich variiert werden. Das Ohr, Schnitteil 3, 2 x aufzeichnen; die Strichrichtung verläuft zur Rundung. Jetzt das Leder auflegen (linke Seite oben) und das Gesicht, bestehend aus den Schnitteilen 4, 5, 6, 7 und 8 mit 1 cm Nahtzugabe aufzeichnen, gekontert (seitenverkehrt) nochmals aufzeichnen (Schnitteil 8 allerdings nur 1 x) und das Ohr (3) ebenfalls 2 x aufzeichnen. Alle Teile zuschneiden und mit dem Nähvorgang beginnen. Zuerst die Schnauze, bestehend aus Nase, Ober- und Unterlippe, fertigstellen. Die Nase, wie in Fig. 1 dargestellt, vorbereiten. Die Oberlippenschnitteile (4) rechts auf rechts legen. Die Nase zwischen O und P so einschieben, daß später die Steppnaht 1 mm neben der Nasennaht liegt. Die Strecke von M über P und O zur Schnittkante hin, die vordere Mitte schließen. Bei der Unterlippe (5) ebenfalls die vordere Mitte schließen; hier allerdings nicht bis zum Endpunkt L nähen, sondern vorerst nur die halbe Strecke. Ober- und Unterlippe rechts auf rechts aufeinanderlegen (N), einen Lederstreifen von 13 cm Länge und 2,5 cm Breite der Länge nach falten und von der einen Seite bei N über die Mittelnaht zur anderen

Höhe: 63 cm

Material

Webpelz: beige, 1 m/140 cm br.
Langhaarplüsch: braun, 30 x 50 cm
Leder (Lederimitat): braun, 2 x 30 x 30 cm
Lederrest (Paspelierband): kaffeebraun
Glasaugen: schwarz, 2 Stück, Ø 1,5 cm
Füllwatte: ca. 1.000 g
Nähgarn
Klebstoff
Knopflochgarn

Alle Schnittvorlagen finden Sie auf der nächsten Doppelseite.

1a Vorderes Bauch- und Fußteil – F, a, b,
1b Hinteres Bauch-und Fußteil – G, a, b
2a Halsteil – c, d, e, C, B, A, Q, G, H, F
2b Höckerteil – G, E, D, f, d, c
2c Höcker – e, f
3 Ohr
4 Oberlippe – N, M, P, O
5 Unterlippe – L, N
6 Backe – H, G, K, I, L
7 Stirn – Q, M, I, L
8 Nase
9 Schwanz

Fig. 1 Die Nase entlang der Umbruchlinie einschlagen und so zickzackmäßig zusammenlegen, daß der mittlere Bruch 1 cm höher liegt als die Schnittkanten rechts und links. In einem leichten Bogen schräg zu den hinteren Bruchspitzen abnähen. Die mittlere Bruchkante wird erst ab der Nasenmitte mitgefaßt.

Fig. 2 Nachdem der Kamelkörper ausgestopft ist, die Nase an der mittleren Bruchkante mit Klebstoff versehen, nach vorn ziehen und vor den Nasenansatz kleben. Zum Schluß das Auge auf die Fellhaare kleben.

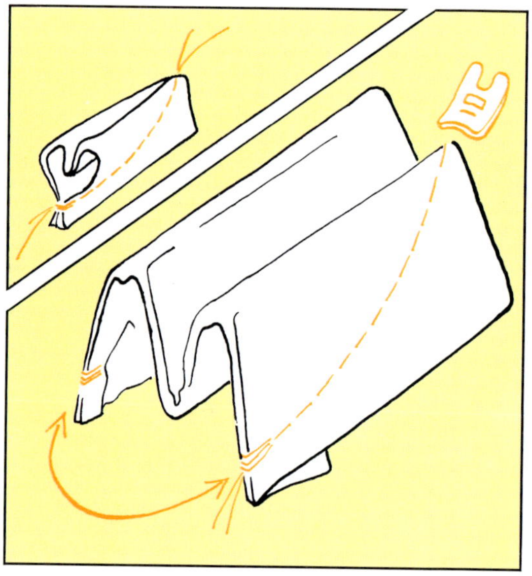

Seite bis N schnittkantengleich einschieben. Ab und bis Schnittkante beide Teile zusammennähen. Die Stirnteile (7) entlang der Strecke Q/M (vordere Mitte), ab M, nur die halbe Strecke zusammennähen. Die Backenteile (6) rechts auf rechts bei I und K aufeinanderlegen, zwischen I und K einen schmalen Fellstreifen (Langhaar) einschieben und die Naht schließen. Jetzt das Stirn-Backenteil an das Schnauzenteil nähen, so daß die Mittelnähte und die Paßpunkte L/L aufeinandertreffen.

Je ein Fellohr und ein Lederohr paarweise rechts auf rechts legen und die Rundung verstürzen. Auf der Lederseite eine kleine Falte legen und diese mit ein paar Stichen festnähen. Das Kopfteil des Körpers (2) an das Backenteil des Gesichts nähen (Q); dabei die Ohren bei G und H seitenrichtig einschieben. Die Naht ab Stirnmitte über Hals und Höcker bis zum Punkt E schließen; dabei an Stirn und Hals einen kleinen Fellstreifen miteinlegen, das 30 x 30 cm große Fellstück hälftig zusammenlegen und am Höcker ebenfalls mit einschieben (C bis D). Jetzt die Bauchteile (1) an den Körper nähen. Hierbei die Paßpunkte F und G beachten. Bei G die Naht beginnen, dann das vordere Bein, die seitliche Bauchkante sowie das hintere Bein ausnähen und bei F die Naht beenden. Das 10 x 3 cm große Langhaarfell an das Schwanzteil nähen, dieses, inklusive Fellende, verstürzen und das Lederende bei Punkt E des hinteren Körperteils anstecken. Jetzt kann auch die mittlere Bauchnaht geschlossen werden: ab der noch geöffneten Unterlippe beginnen, den Hals (Fellstreifen miteinlegen) und bis Bauchmitte abnähen; ca. 15–20 cm offen lassen und die restliche Bauchstrecke bis zum Schwanz hin schließen.

Den gesamten Körper durch die Öffnung verstürzen, die einzelnen Glieder formschön ausrichten und alles ausstopfen. Zuerst das Gesicht, dann die Beine, den Höcker und zum Schluß den Bauch. Die Öffnung mit Knopflochgarn zunähen (Staffierstiche). Die Augen auf die seitliche Kopfnaht setzen und die Nasenspitze, wie in Fig. 2 dargestellt, vor den Nasenansatz ziehen und dort festkleben.

Variation:

Fellhaare können auch an Beine und Bauch eingeschoben werden. Der Phantasie des Bastlers sind hier von der Optik her keine Grenzen gesetzt.

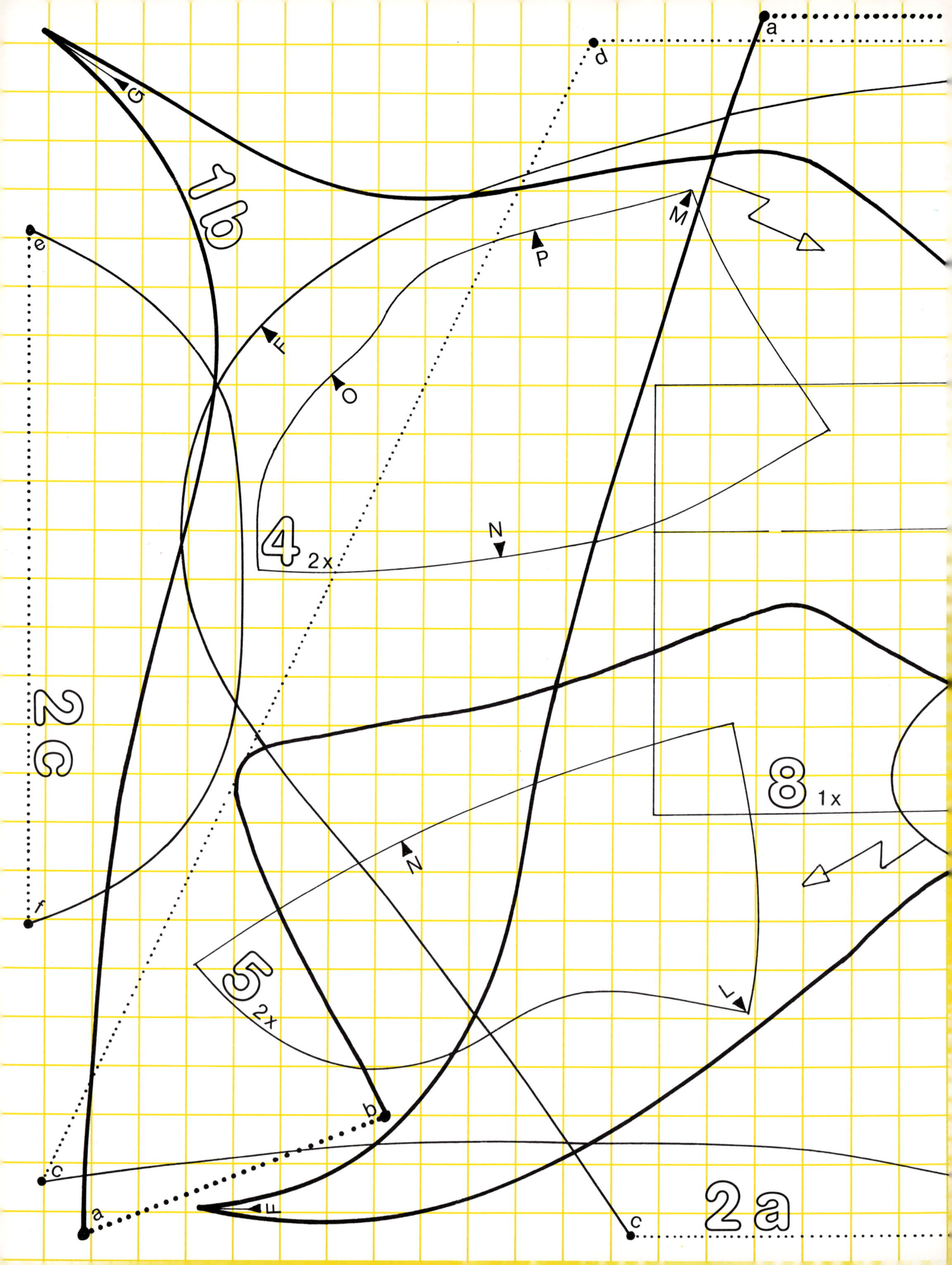

1b
2c
4 2x
5 2x
8 1x
2a
a
b
c
d
e
f
G
F
O
P
M
N
L

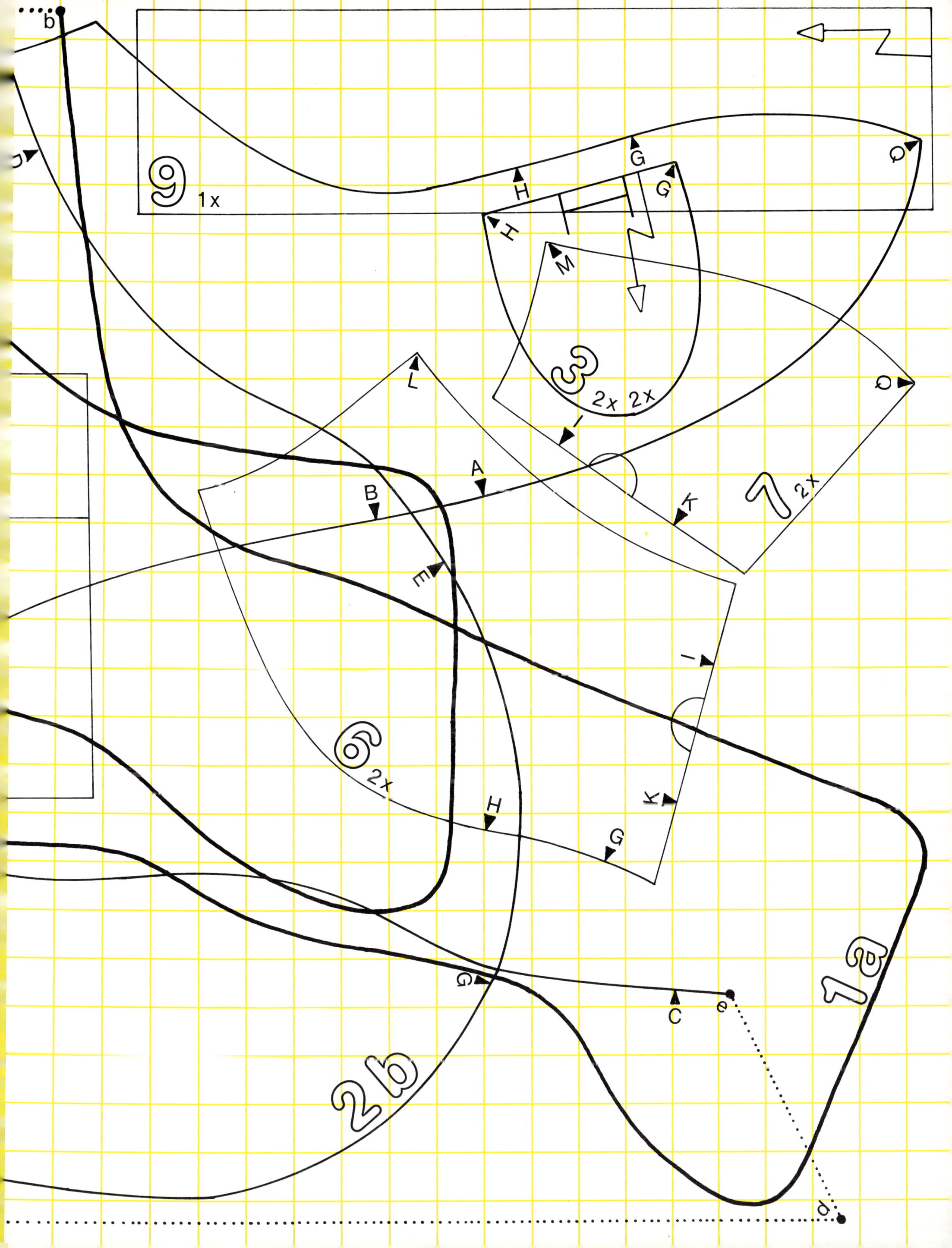

b
9
1x
H
G
G
H
M
3
2x 2x
Q
Q
L
A
B
I
K
7
2x
E
I
6
2x
H
K
G
G
C
e
1a
2b
d

Schwan, kleb an

Kuschelige Märchenfiguren

Wer kennt sie nicht, diese lustigen Gesellen:
der Kater hat Stiefel, der Kasper die Schellen.
Der Dritte im Bunde, es ist der Schwan,
mit vielen goldenen Federn dran.
Und auch der Vierte ist bekannt,
Frau Holle macht weiß das ganze Land.
Sie sind so lieb, sie sind so nett,
nehmt sie doch einfach mit in euer Bett.

„Kasperle"

Größe: 74 cm

Material

Baumwollmischgewebe (pflegeleicht): weiß, 40 cm/140 cm br.; rot, 40 cm/140 cm br.
Filz: gelb, schwarz, rot, je 20 x 30 cm
Langhaarplüsch: schwarz, 30 x 30 cm
Füllwatte: ca. 250 g
Schellen: goldfarben, 9 Stück, Ø 1,5 cm
Haftvlies
Nähgarn: schwarz, weiß

Alle Schnittvorlagen finden Sie auf der nächsten Doppelseite.

1 Körper – F
2 Gesicht – F, K, I, E
3 Mittleres Hinterkopfteil – B, A, C, D
4 Seitliches Hinterkopfteil – B, A, C, D
5 Auge
6 Nase
7 Mund
8 Ohr – I, K
9 Schuhteil – M, L, G, H
10 Sohlenteil – H, G
11 Bein – M, L
12 Arm
13 Zipfelmütze
14 Hemd/Vorder- und Rückenteil – O, N
15 Haare – Q, P

Schnittvorgabe
A Schärpe

Von der nächsten Doppelseite alle Schnitteile von 1–15 abkopieren. Die Suchnummern stehen direkt an oder auf der betreffenden Konturlinie. Von da aus folgen Sie den Markierungspunkten (soweit vorhanden) der Schnitterklärung. Die unterschiedlichen Strichstärken erleichtern das Suchen der einzelnen Schnittkonturen. Immer wieder das Foto beachten und die Gliederteile mit den Schnittteilen vergleichen. Der Zuschnitt und Nähvorgang kann nur reibungslos ablaufen, wenn alle Markierungspunkte, Fadenlaufpfeile und die Suchnummern mit Zuschnittangaben auf den einzelnen Schnitteilen angegeben sind.
Zuerst den weißen Stoff auf Bruch legen, so daß Webkante auf Webkante liegt. Das Schnittteil 3 entlang der Bruchlinie am Stoffbruch anlegen und aufstekken. Schnitteile 2, 4 und 6 ebenfalls aufstecken. Schnitteile 8, 11 und 12 auflegen, aufzeichnen und ein zweites Mal auflegen bzw. aufstecken. So erhalten Sie einen 4fachen Zuschnitt. Alle aufgezeichneten Teile mit 1 cm Nahtzugabe zuschneiden.
Jetzt den roten Stoff ebenfalls auf Bruch legen (rechte Stoffseite innen), so daß Webkante auf Webkante liegt. Schnitteil 1, 9, 10 und 13 im Fadenlauf aufstekken. Das Schnitteil 9 aufzeichnen und ein weiteres Mal auflegen bzw. jetzt aufstecken. Auch diese Teile mit 1 cm Nahtzugabe zuschneiden. Der Grundkörper ist soweit zugeschnitten, so daß jetzt mit dem Nähen begonnen werden kann.
Zuerst das Gesicht anfertigen.

Dazu eine Lage des Zuschnitts von Schnitt 2 mit der rechten Stoffseite oben auflegen. Jeweils ein Zuschnittrest in der Größe des Mundes (Schnitt 7) vom roten Stoff aussuchen; vom weißen Stoff kleine Reste für Zähne und Augenweiß; ein Reststück blauer Stoff in der Größe des gesamten Auges (Schnitt 5) und ein Reststück schwarzer Stoff für die Pupillen. Alle Stoffreste von links mit Haftvlies versehen (siehe Fig. 1) und die Schnitteile auf dem Papier aufzeichnen. Die Teile ohne Nahtzugabe ausschneiden, das Papier des Haftvlieses entfernen und, wie in der Vorlage eingezeichnet, nacheinander mit dem Bügeleisen auf das Gesicht kleben und mit Zickzackstichen aufnähen (applizieren). Fig. 2 gibt Auskunft über Stichbreite und Stichlänge beim Applizieren. Um den Gesichtsausdruck zu vervollständigen, werden noch kleine weiße Dreiecke an den Pupillenrand als Lichtpunkte geklebt.
Die Ohren (8) paarweise rechts auf rechts legen und die Rundung verstürzen. Bei dem Nasenzuschnitt (6) zuerst die Abnäher nähen, dann die Teile rechts auf rechts legen und ebenfalls über die Rundung verstürzen. Die Ohren leicht und die Nase fest ausstopfen. Die offenen Kanten der Ohren zusammenheften, die der Nase mit einem sogenannten Kräuselfaden versehen und zusammenziehen; erstmals beiseite legen.
Das hintere Kopfmittelteil (3) aufklappen, die Seitenteile (4) rechts und links davon paß-

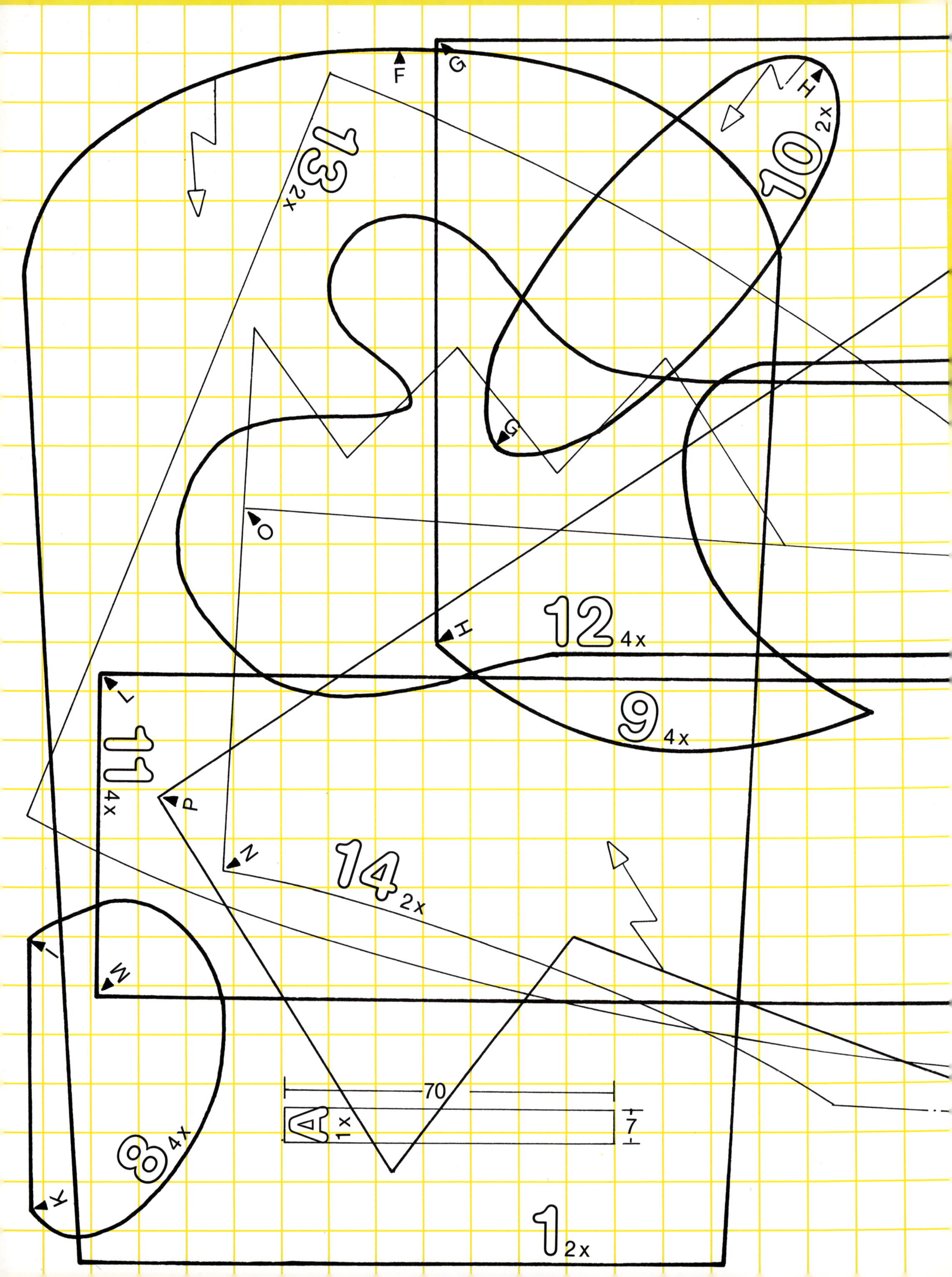
F
G
13 2x
10 2x
H
G
O
12 4x
H
9 4x
L
11 4x
P
N
14 2x
I
M
70
A 1x
7
8 4x
K
1 2x

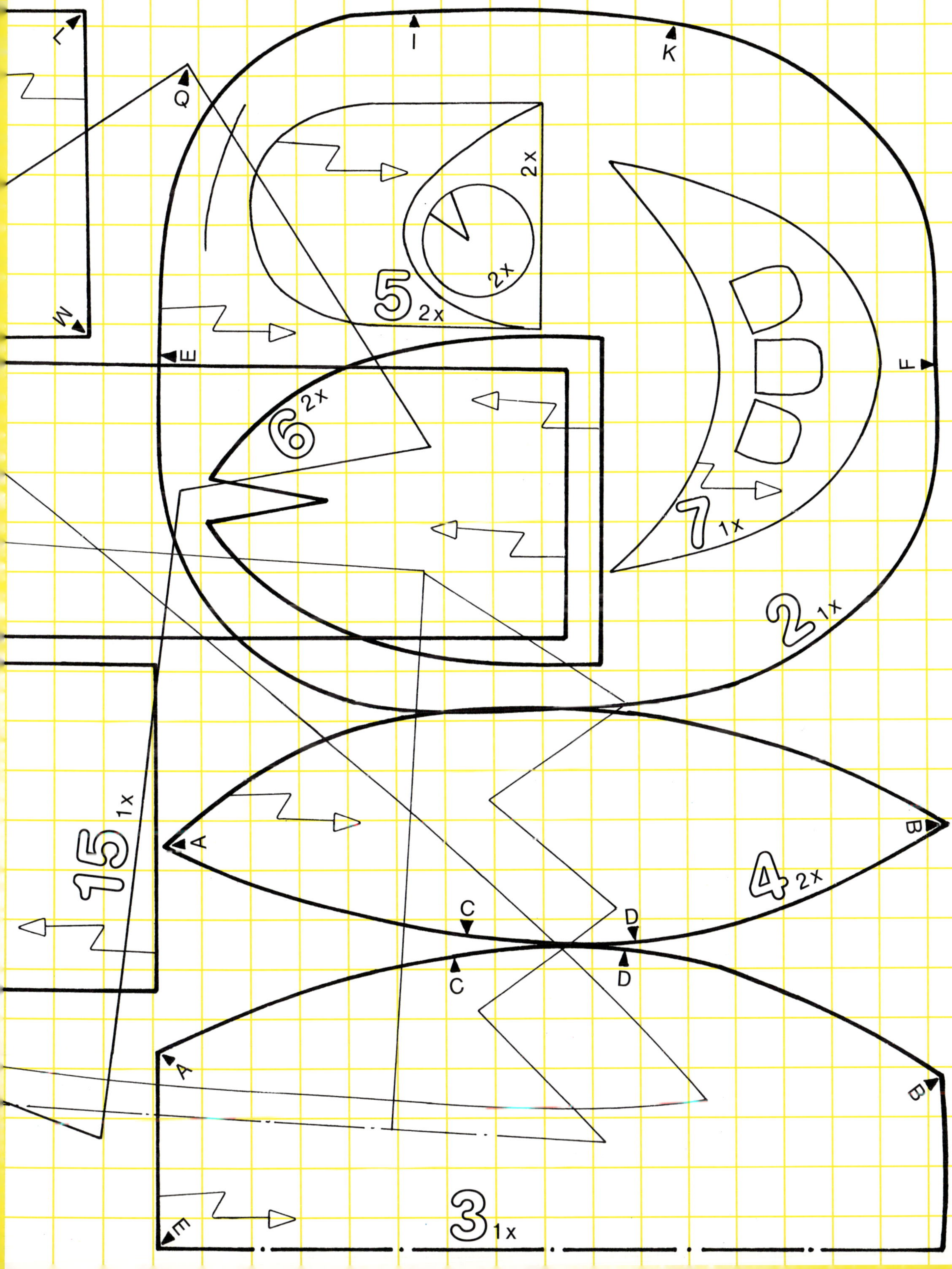

5 2x
2x
2x
6 2x
7 1x
2 1x
4 2x
3 1x
15 1x
A
B
C
D
E
F
I
K
Q
W
L

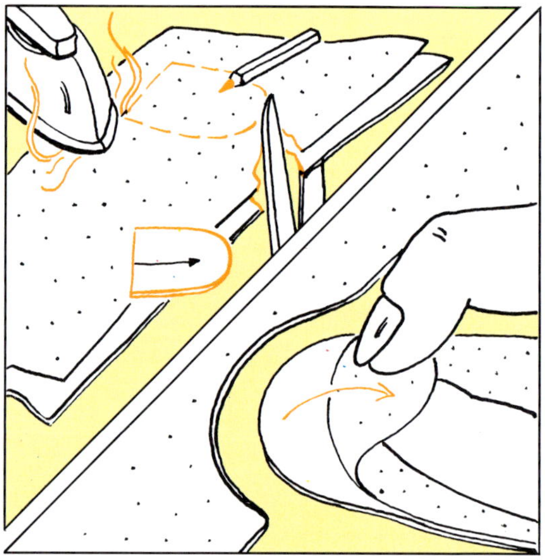

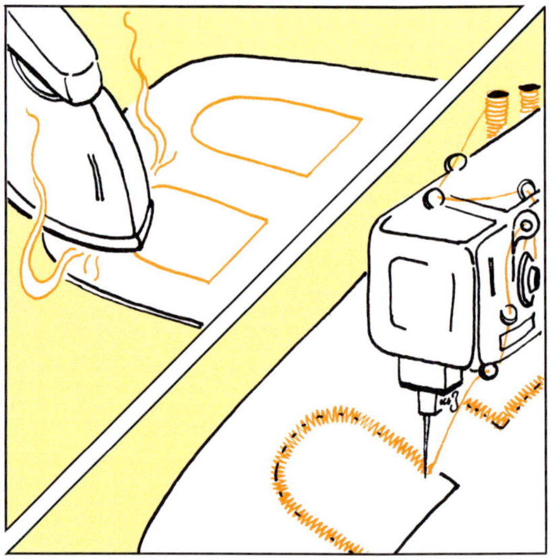

Fig. 1 *Das Haftvlies mit der Klebeschicht auf den Stoff aufbügeln. Das betreffende Schnitteil aufzeichnen und ausschneiden. Anschließend das Papier von der Klebeschicht trennen.*

Fig. 2 *Die Zuschnitteile mit der beschichteten Seite auf das betreffende Stoffteil bügeln; darauf achten, daß die Kanten fest auf dem Stoff haften. Mit kleinster Stichlängeneinstellung und 2–3 mm Stichbreite die Kanten umzackeln (applizieren). Die kleine Zickzackeinstellung bei Augenweiß, Pupillen, Mund und Zähnen verwenden; die größere Einstellung bei Augenlid und Augenbrauen.*

punktgleich (A, C, D, B) rechts auf rechts zusammenstecken und nähen. Nun das Gesicht rechts auf rechts darüberlegen (E), die Ohren einschieben (I, K), feststecken und bei Paßpunkt F (Halsansatz) mit dem Schließen des Kopfes beginnen. Allerdings am Hals 4–5 cm zum Verstürzen und Stopfen offen lassen. Nach dem Verstürzen die Nase an ihren Platz nähen.

Den Körperzuschnitt (1) rechts auf rechts liegend verstürzen und auch hier am Halsansatz eine Öffnung von 4–5 cm stehen lassen.

Je ein Armpaar (12) rechts auf rechts liegend verstürzen; danach die Nahtzugabe um die Hand und um den Daumen herum knappkantig zurückschneiden. Je ein Beinteil (11) und ein Schuhteil (9) rechts auf rechts liegend aneinandernähen (L, M); danach paarweise zusammenlegen und die vordere und hintere Naht schließen. Die Nahtzugaben an den Rundungen wieder zurückschneiden. Das Sohlenteil (10) paßpunktgleich (G, H) am Schuhteil einlegen und einnähen.

Die Beine verstürzen und alle Körperteile ausstopfen. Die Nahtzugabe der offenen Kanten einschlagen und letztere mit Staffierstichen schließen. Arme, Beine und Kopf wiederum mit Staffierstichen von vorn und hinten an dem Körper befestigen.

Das Haarteil (15) entlang der Strecke P/Q auf der Kopfnaht mit Staffierstichen festnähen. Das spitz zulaufende Mittelteil am Hinterkopf annähen, dann die kurzen Kanten daran befestigen. Die Zipfelmütze rechts auf rechts liegend über die Spitze verstürzen, die offenen Kanten einschlagen bzw. einsäumen und auf dem Haarteil befestigen. Die gezackten Schnitteile vom Hemdenschnitt (14) abtrennen, auf den schwarzen Filz auflegen und zuschneiden; dabei die Bruchlinie an der Saumkante beachten. Das Hemdteil selbst, aus gelbem Filz, 2 x im Bruch zuschneiden. Die schwarzen Zipfel an die gelben Hemdteile nähen (einfach überlappend aufnähen), die Schulternaht schließen, knappkantig von rechts die Naht 2 x abstep-pen und die Schellen an die Saumzipfel, Schuhspitzen und an den Mützenzipfel nähen. Das Hemd mit einer aus rotem Filz zugeschnittenen Schärpe (Schnittvorgabe A) zusammenhalten.

Variation:

Eine weitere Farbzusammenstellung könnte wie folgt aussehen: Körper, Schuhe, Mütze und Schärpe in Blau, das Hemd in Rot und die Augen in Grün. Eine Perücke in Orange vervollständigt die neue Farbkombination.

„Gestiefelter Kater“

Mit dem Abkopieren der Schnittteile beginnen. Um einen reibungslosen Ablauf zu garantieren, müssen folgende Angaben auf dem Papierschnitt vermerkt sein: die Suchnummer mit Zuschnittangabe, alle Markierungspunkte, der Fadenlauf- bzw. Strichrichtungspfeil sowie die Stepp- und Kreislinien. Entlang den Bruchkantenlinien sollte der Vermerk „Bruch“ stehen.
Den Webpelz in einfacher Lage so auf den Tisch legen, daß die Stoffseite oben und das Fell unten liegt. Die Strichrichtung überprüfen und die Schnitteile 1, 2, 5, 6a und 6b mit 1 cm Nahtzugabe aufzeichnen, entlang der Bruchlinie Stoß an Stoß kontern (seitenverkehrt auflegen) und feststecken. Schnitteil 3 und 4 aufzeichnen (Nahtzugabe nicht vergessen!), kontern und aufstecken. Schnitteile 7 und 8 je 2 x aufzeichnen und 2 x kontern. Zum Aufzeichnen verwenden Sie am besten einen feinen Filzschreiber. Den Schwanz laut Schnittvorgabe A an der Webkante abmessen und alle Teile zuschneiden. Schnitteil 4 noch 2 x aus dem Lederrest zuschneiden.
Um die Zusammengehörigkeit der einzelnen Schnitteile besser überblicken zu können, sollten Sie die Papierschnitteile und die Zuschnitteile so aneinanderlegen, daß die betreffenden Markierungspunkte aufeinandertreffen und auch die Körperteile selbst an der richtigen Stelle liegen.
Zuerst die Ohren vorbereiten. Je ein Leder- und ein Fellohr paarweise zusammenlegen und um die Spitze herum verstürzen. Auf dem Lederteil eine kleine Falte einlegen (D auf D) und diese mit ein paar Handstichen festnähen. Die Ohren paßpunktgleich in die Abnäher des Kopfteils (3) legen und nähen. Beide Kopfteile an das Nasen-Stirn-Halsteil (5) paßpunktgleich (G, F, E) annähen. Beim Endpunkt E beginnt und endet die Naht 1 cm vor der Schnittkante. Die Kinn-Halsteile (6a, 6b) entlang der Strecke H/I rechts auf rechts legen, ein 2,5 cm breiter und 8 cm langer, der Länge nach gefalteter Lederreststreifen schnittkantengleich einschieben; ein Zungenläppchen kann ebenfalls gleich miteingelegt werden. Die Naht schließen. Anschließend auch dieses Teil rechts auf rechts an das Kopfteil nähen; dabei Paßpunkte K und E beachten. Wie beim vorhergehenden Teil bei Punkt E die 1-cm-Nahtzugabe frei lassen. Alle Nahtlinien müssen sich exakt auf Punkt E treffen. Das Schnitteil 5 betrachtend erkennen Sie im vorderen Nasenbereich zwei Stepp- und eine Umbruchlinie. Diese Maße auf das genähte Kopfteil an der

Größe: 63 cm

Material
Webpelz: weiß/braun/ ocker gestreift, 80 cm/140 cm br.
Filz: weiß, 50 cm/90 cm br.
Füllwatte: ca. 750 g
Glasaugen: Katzenform, 2 Stück, Ø 1,8 cm
Lederrest: braun, ocker
Gelenkscheiben: Ø ca. 6 cm
Nähgarn
Nylonschnur:

Alle Schnittvorlagen finden Sie auf der nächsten Doppelseite.

1 Rücken – B, C, Q, N, A
2 Bauch – A, B, C, Q, L, M
3 Seitliches Kopfteil – E, F, D, F, G, K
4 Ohr – D, D
5 Nase-Stirn-Halsteil – N, G, F, E
6a Oberlippenteil – E, I, H
6b Kinn-Halsteil – M, K, H, I
7 Bein-Kreispunkt C
8 Arm-Kreispunkt B
9 Stiefel – P, O
10 Stulpe – P, O

Schnittvorgabe
A Schwanz

__Fig. 1__ Ein 4,5 x 4,5 cm großer Lederrest an einer Kante ausmitteln. Von der gegenüberliegenden Kante 1,5 cm die seitlichen Kanten hochmessen und zum Mittelpunkt hin das Leder spitz zuschneiden. Die abgeschrägten Kanten 1 cm einlegen, die gerade Kante zur Mitte hin einschlagen und beides festkleben.

__Fig. 2__ In einem Arbeitsgang die untere eingeschlagene Kante mit Klebstoff versehen, die Kante 1 cm nach hinten umlegen, auf dem Gesicht des Katers plazieren, gleichzeitig die vordere Spitze nach vorn unter die Klebstelle schieben und die Nase komplett aufkleben. Nach dem Trocknen die vorderen, seitlichen Rollkanten zur Mitte drücken und dort an einem Punkt festkleben.

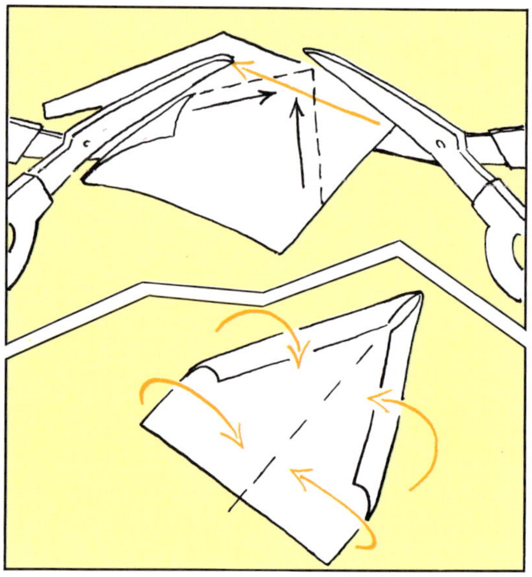

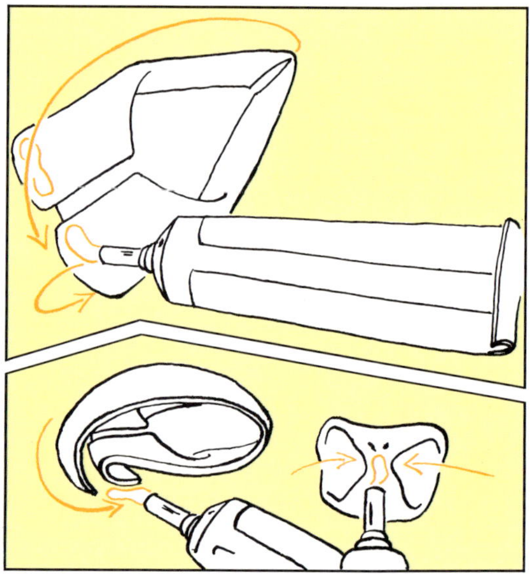

gleichen Stelle übertragen, an der Umbruchlinie knicken (Fellseite innen) und so aufeinanderstecken, daß die seitlichen Nähte aufeinandertreffen. Entlang dem Stepplinienmaß (2 cm Bruchkantenabstand) nicht ganz von Naht zu Naht nähen (jeweils 1,5 cm Nahtabstand halten). Nur abnähen – keinen spitz zulaufenden Abnäher nähen! Den Kopf durch die Halsöffnung verstürzen und ausstopfen. Um die Halskante mit der Nylonschnur einen sogenannten Kräuselfaden einnähen und fest zusammenziehen; dabei die Gelenkscheibe mit dem Schraubenaufsatz mit einlegen. Das zuletzt abgenähte Nasenteil so ausrichten, daß die sich seitlich ergebenden Falten zur Stirn hin zeigen. Die Augen anlegen, etwas unter die Fältchen schieben und von der Mitte ausgehend an die rechte und linke Nasennaht kleben. Einige Fellhaare außen herum anbringen. Die Nase, wie in Fig. 1 und 2 beschrieben, anfertigen und auf die Nasenspitze des Kopfes kleben. Einen schmalen Lederstreifen als Nasenfortsatz bis zum Mundstreifen hin mittig aufkleben. Die Schnurr- und Tasthaare bestehen aus Fell und einigen 1 mm breiten, von einem Plastikordner (Schnellhefter) abgeschnittenen Streifen.

Jetzt am Rückenteil des Körpers (1) die Abnäher am Gesäß und in der Taille nähen, dann das Teil rechts auf rechts auf das Vorderteil legen und vom Schritt ausgehend zusammennähen. Hier eine kleine Öffnung zum Verstürzen und Stopfen offen lassen. Erstmals beiseite legen und die anderen Körperteile fertig stellen.

Die Arme und Beine paarweise rechts auf rechts liegend zusammennähen; dabei an der hinteren Oberarmnaht und an der hinteren Oberschenkelnaht eine Verstürz- und Stopföffnung lassen. Die Gelenkscheiben mit dem Schraubenaufsatz jeweils an einer Seite (siehe Schnittvorlage Kreispunkt B bei 8 und C bei 7) durchstechen, dann die Gliederteile fest ausstopfen. Die Öffnungen mit Staffierstichen schließen. Jetzt das Körperteil verstürzen. Kopf, Arme und Beine durch die Schrittnaht dem Körper anpassen (siehe wiederum Kreispunkte B und C bei 1 und 2), d. h. die Gelenkschrauben vorsichtig durch die seitliche Körpernaht stoßen und von innen mit der Beilagscheibe und der Rasterscheibe fixieren. Jetzt den Körper kräftig ausstopfen und die Schrittnaht mit Staffierstichen schließen.

Den Schwanz an einem Ende rund verstürzen, das andere Ende zusammenziehen; dabei die Nahtzugabe nach innen legen. Am Hinterteil des Katers befestigen. Schnitteil 9 und 10 abkopieren. Je 2 x auf dem weißen Filz zuerst aufzeichnen, die Schnitteile kontern und mit 1 cm Nahtzugabe zuschneiden.

Den Stiefelzuschnitt nun paarweise aufeinanderlegen und verstürzen. Die Stulpen ebenfalls paarweise an den kurzen Seiten verstürzen und mit der rechten Stoffseite auf die linke Stiefelseite paßpunktgleich (O, P) anstecken und annähen. Die Stulpe ausrichten und dem Kater anziehen.

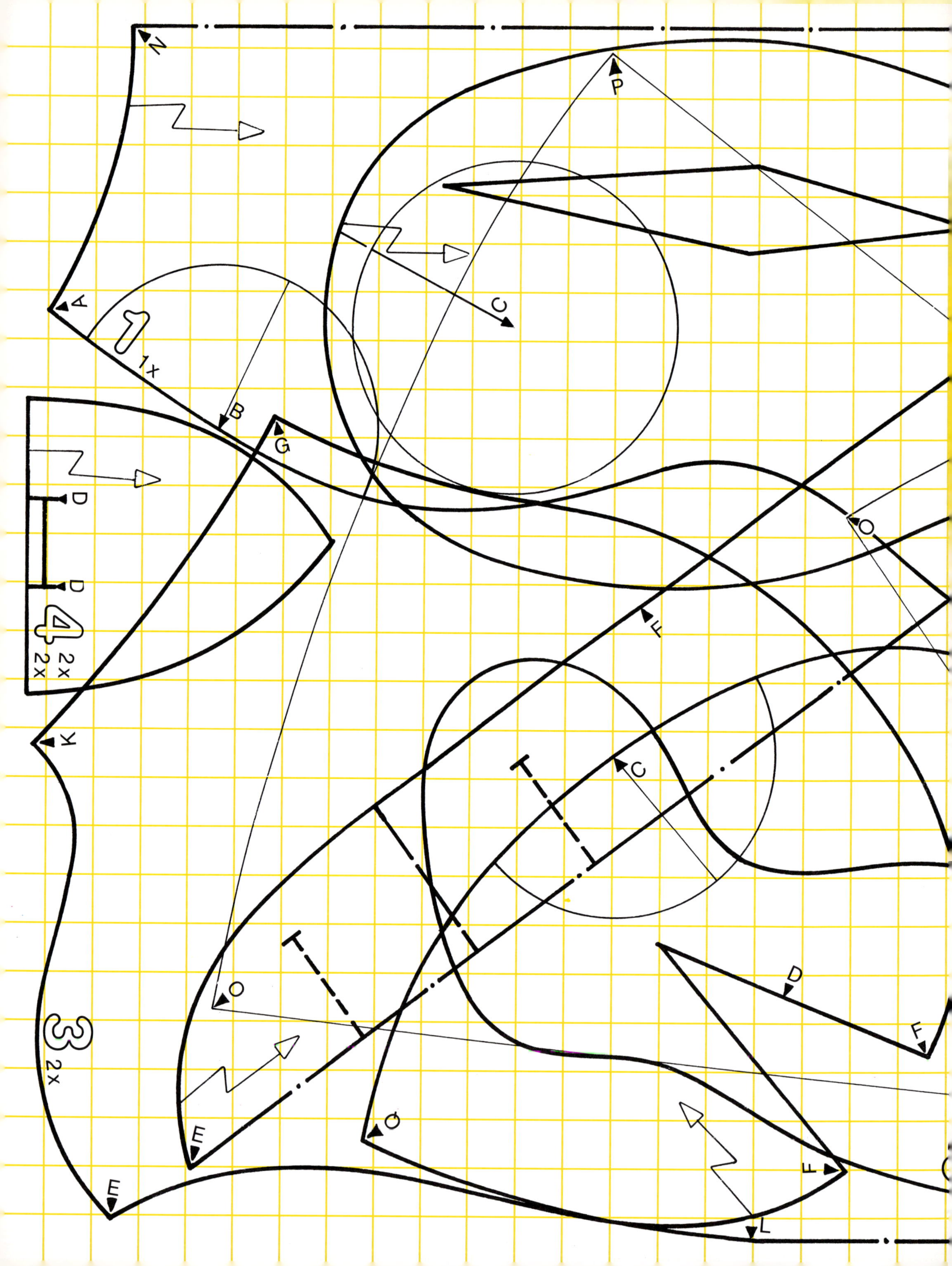

Z
A
1
1x
B
G
P
C
D
D
4
2x
2x
K
F
O
C
O
3
2x
E
E
D
F
L

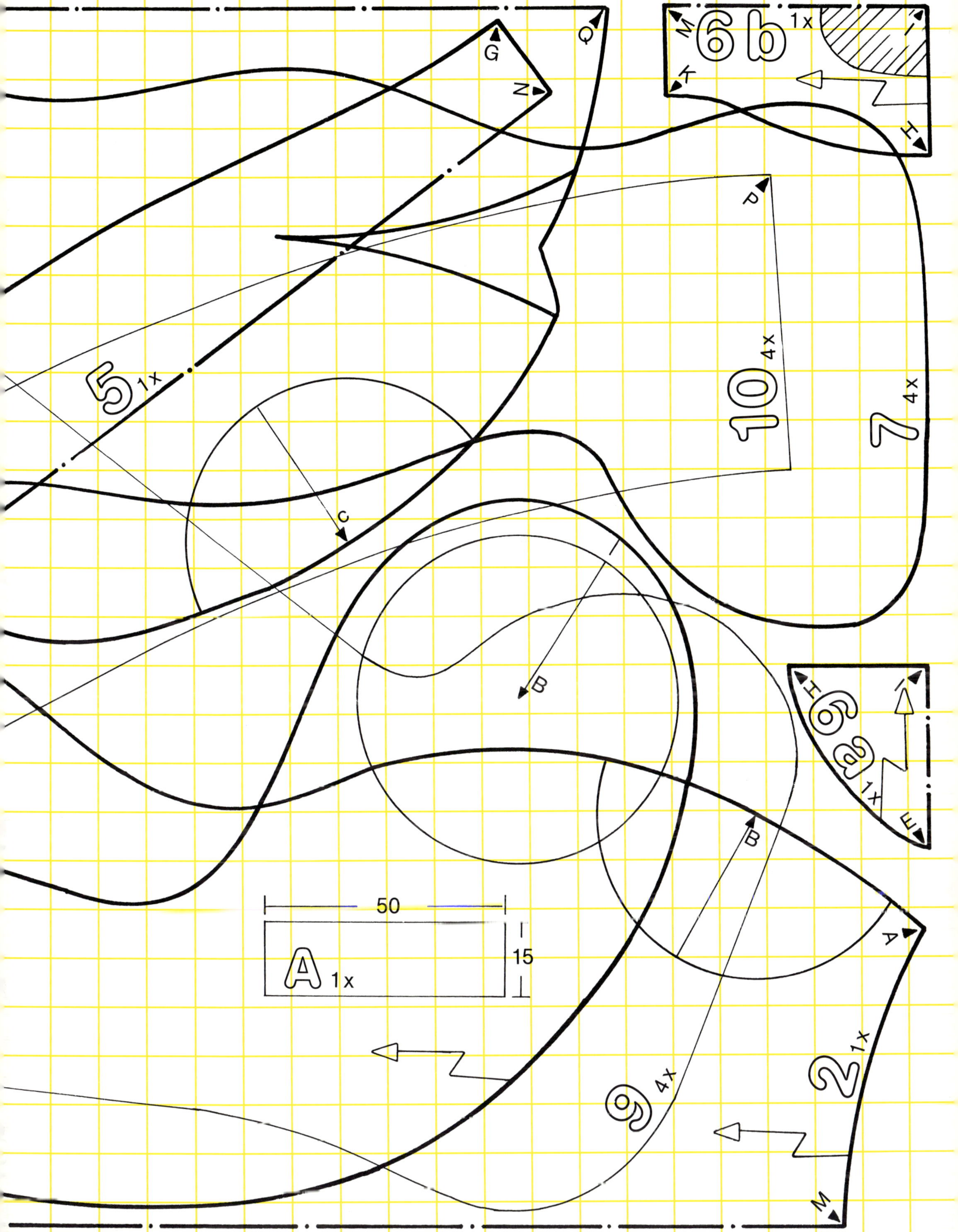

5 1x
6b 1x
7 4x
10 4x
6a 1x
2 1x
9 4x
A 1x
50
15
G
N
Q
M
K
I
H
P
C
B
B
E
A
M

„Frau Holle“

***Größe:** 85 cm*

Material
Baumwollstoff: blau, 45 cm/140 cm br.; weiß, 25 cm/140 cm; kariert, 30 cm/140 cm; gestreift, 25 cm/80 cm br.
Stoffreste: rosé, grau
Baumwollspitze: 1,10 m
Kordel: 2 x 40 cm
Satinband: 1,70 cm/4 cm br.; 90 cm/6 cm br.
Füllung: 1 Kissen, 40 x 80 cm
Knöpfe: 3 Stück
Nähgarn
Haftvlies

Alle Schnittvorlagen finden Sie auf der nächsten Doppelseite.

1 Gesicht
2 Wangen
3 Auge
4 Pupille
5 Arm
6 Beinteil – B, A
7 Schuhteil – B, A

Schnitthilfe
A Kopfrundung

Schnittvorgabe
B Kopfteil
C Körperteil
D Schürzenteil
E Schürzenbund

Die Schnittvorlage 17 und die Schnitthilfe A abkopieren. Die Rundung von A ist durch eine großzügige Zackenlinie verbunden. Die Schnittvorgaben B, C und D geben den Zuschnitt einfacher Schnitteile an und werden daher nicht erst auf Papier, sondern direkt auf den betreffenden Stoff übertragen.
Zuerst den blauen Stoff in der Größe 42 x 48 cm zweimal abmessen und zuschneiden. Die Strecke g/h zeigt den Saumumschlag und liegt 2 cm von der untersten Kante entfernt; e/f zeigt die Ansatzlinie der Unterkante des Schürzenbundes und ist von der Saumlinie 25 cm entfernt; die Strecke c/d zeigt die Schürzenbundoberkante und liegt 4 cm ab der letzten Linie höher. Die Strecke a/b ist die Ansatzlinie des 6 cm breiten Satinbandes und liegt 6 cm von der oberen Schnittkante entfernt. Am besten diese Punkte durch seitliches Einknipsen in den

Stoff auf beiden Stoffteilen kennzeichnen. Jetzt den karierten Stoff, wie Schnittvorgabe B zeigt, auf 42 x 27 cm ebenfalls 2 x zuschneiden. Beide Karoteile rechts auf rechts legen und die Zuschnittvorlage A, die Rundungshilfe, so anlegen, daß die Papierkante 1 cm von der oberen Stoffschnittkante entfernt ist. Entlang der Rundung mit 1 cm Nahtzugabe den Stoff zuschneiden. Anschließend das Schuhschnitteil (7) 2 x aufzeichnen und ebenfalls mit 1 cm Nahtzugabe zuschneiden; daraus ergeben sich 4 Teile. Die Maße 68 x 17 cm der Schnittvorgabe D 1 x und die Maße 6 x 22 cm von E 2 x auf den gestreiften Stoff übertragen (Streifenlauf beachten) und zuschneiden. Diese Teile erstmals beiseite legen. Den weißen Stoff auflegen (einfache Stofflage) und Schnittteil 1, die Gesichtsrundung, ohne Nahtzugabe aufzeichnen und zuschneiden. Jetzt den Stoff doppelt legen und Schnitteil 5, die Hand, 2 x aufzeichnen und großzügig zuschneiden, d. h. die Finger nicht aus-, sondern über die Fingerspitzen hinweg schneiden (1 cm Abstand halten). Beachten Sie hierzu Fig. 5 und 6 auf Seite 9. Nun noch Schnitteil 6, das Bein, ebenfalls mit 1 cm Nahtzugabe 2 x zuschneiden. Die Stoffreste in Blau, Grau und Rosé mit Haftvlies versehen und die Schnitteile je 2 x wie folgt ohne Nahtzugabe zuschneiden: Schnitteil 3, das Auge, in Grau; Schnitteil 4, die Pupille, in Blau, und Schnittteil 2, die Wange, in Rosé. Das Papier des Haftvlieses abziehen

42
B
2 x
27
42
a
b
c
d
e
f
48
C
2 x
g
h
3
2 x
4
2 x
5
4 x

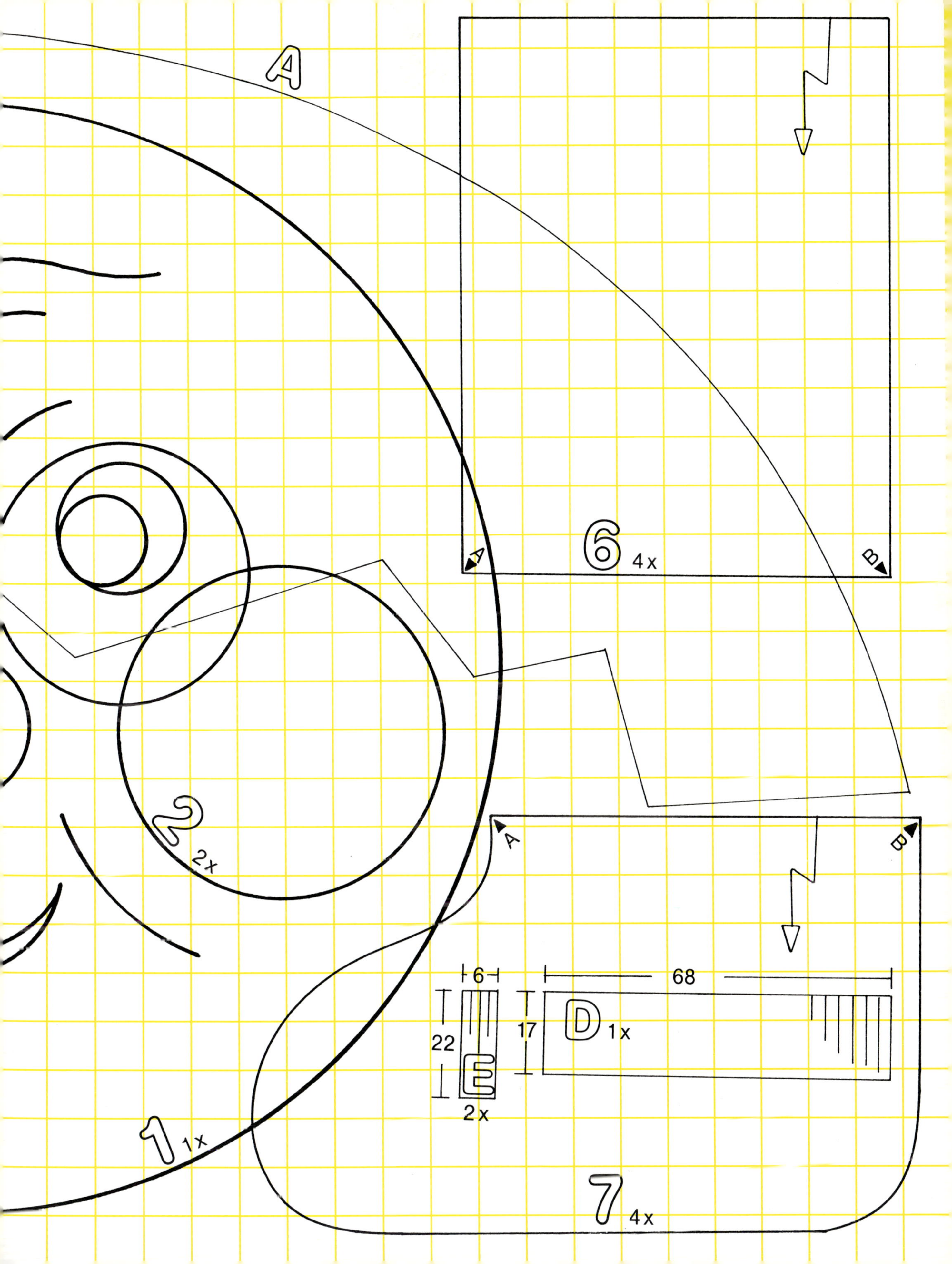
A
6 4x
A
B
2 2x
A
B
6
68
17
D 1x
22
E
2x
1 1x
7 4x

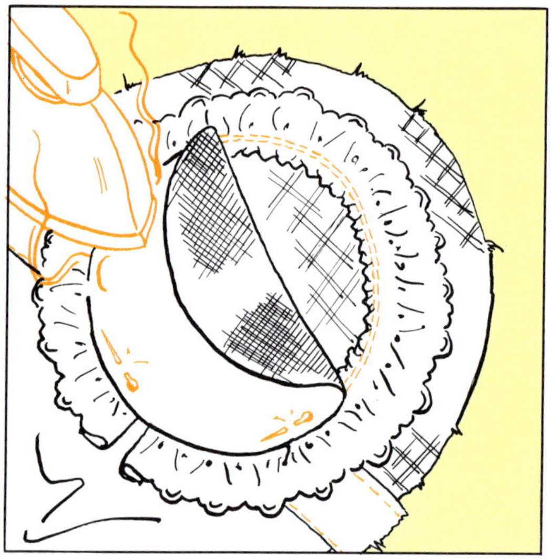

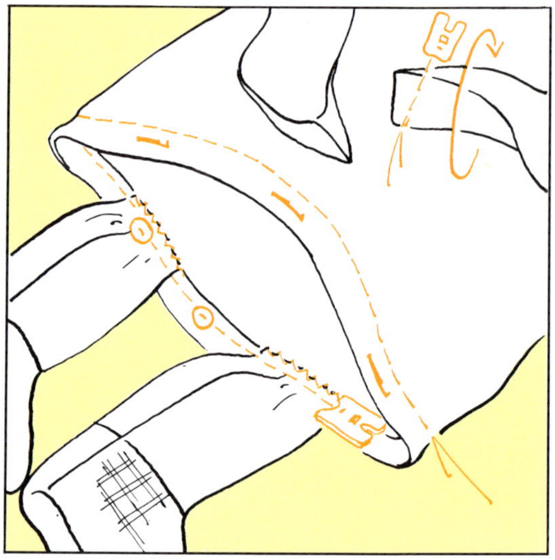

***Fig. 1** Die eingekräuselte Spitze auf die Kopfform der vorderen Kissenhülle legen, das mit Haftvlies versehene Gesicht aufstecken, die Spitze ringsum in Form legen und bis zur Steppnaht einschieben, dann aufbügeln.*

***Fig. 2** Die Beinkanten versäubern und in einem Arbeitsgang mit dem Umsäumen an die vordere Kante nähen. Auf der hinteren Kante die Knopflöcher einarbeiten und die Knöpfe auf der Beinseite annähen. Die Bindeschleifen der Länge nach hälftig legen, vom Bruchkantenende zur Webkante hin abnähen (ca. 30° C-Winkel) und das Ende verstürzen.*

und die einzelnen Teile nacheinander auf die Gesichtsform bügeln, danach das Gesicht selbst von links ebenfalls mit Haftvlies versehen und erstmal beiseite legen. Jetzt mit dem Nähvorgang beginnen.

Je ein blaues Schnitteil (Körper) entlang der 42-cm-Kante auf ein kariertes Schnitteil (Kopf) legen und zusammennähen. Entlang der Naht das 6 cm breite Satinband auf Einknipshöhe anlegen, so daß es 1 cm auf dem karierten Stoff liegt. Beide Webkanten knappkantig aufnähen. Die Baumwollspitze 2 x abnähen, zu einer Rüsche kräuseln, so daß sie umfangmäßig auf die Gesichtsrundung paßt. Das Gesicht selbst ca. 7 cm von der Kopfrundung entfernt auf eines der beiden Körperteile stecken; dabei die Rüsche einschieben (siehe Fig. 1), dann aufbügeln. Die Enden am Kinn einschlagen. Die Gesichtskante mit kleinster Stichlängeneinstellung und 3 mm Stichbreite einzackeln. Die Augen, die Wangen und die Nasenform mit 2 mm Stichbreite ebenfalls umzakkeln. Den Mund und die Augenbrauen durch Stichbreitenveränderung während des Nähens aufzackeln. Die Falten und die Brille mit einem Maschenstich aufsticken. Auf dem gleichen Körperteil nun noch die Schürze anbringen. Diese entlang einer Längsseite einkräuseln, die andere Seite 1 cm ein-und 1 cm umschlagen und umnähen. Die Seiten 0,5 cm einsäumen. Die Bundteile an einer Schmalseite zusammennähen, die Längskanten 1 cm einschlagen und an den betreffenden Ansatzlinien (Einknipse) aufstecken, dabei das Schürzenteil einschieben und den Bund knappkantig aufsteppen. Auf dem anderen Körperteil (Rückenteil) das 6 cm breite Satinband höhengleich zum Vorderteil aufnähen. Das 4 cm breite Satinband (Bindeschleife) seitlich aufheften. Die Hände verstürzen, d.h. die Finger rund ausnähen, ein- und die Nahtzugabe zurückschneiden. Beide Teile leicht ausstopfen und ebenfalls seitlich, zur Mitte hin liegend, am Rückenteil anheften. Beide Körperteile rechts auf rechts legen und verstürzen. Die Schuhteile an die Beinteile nähen (A, B) und paarweise verstürzen, ausstopfen und die offenen Kanten versäubern. Den Saum 0,5 cm ein- und 1,5 cm umschlagen. Die Einschlagkante knappkantig absteppen; dabei die Beine am Vorderteil miteinlegen (siehe Fig. 2). Zum Schluß die Knopflöcher einarbeiten, die Knöpfe annähen und die Bindeschlaufen an den Enden verstürzen (siehe Fig. 2). Die Kordel an den Schuhen annähen, eine Bindeschleife am Kinn befestigen, die Kissenfüllung einschieben und fertig ist die gemütliche „Frau Holle".

Mein Tip:

Wenn Sie ein anderes Material verarbeiten wollen, achten Sie auf leichte Pflegeeigenschaften, denn ein Kissen muß auch einmal gewaschen werden.

„Schwan, kleb an!"

Zuerst alle Schnitteile von 1–5 abkopieren.
Die Paßpunkte sowie die Bruchlinien auf den Papierschnitten kennzeichnen und die Suchummern mit den Zuschnittangaben eintragen.
Schnitteil 1a und 1b entlang der gepunkteten Linie a/b mit Klebstreifen Stoß an Stoß zusammensetzen. So erhalten Sie Schnitteil 1.
Den weißen Stoff, linke Seite oben, auflegen (einfache Stofflage) und Schnitteil 1 aufstecken (Lackstoffe bitte nicht stecken) und Schnitteil 2 paßpunktgleich (A, B) Stoß an Stoß daranstekken.
Die gesamte Schwanform ohne Nahtzugabe aufzeichnen, noch 1 x seitenverkehrt auflegen und wieder aufzeichnen.
Für diesen Arbeitsgang verwenden Sie am besten einen hellgrauen, feinen Filzschreiber.
Nun Schnitteil 2 noch 1 x allein auflegen, aufzeichnen, dann kontern (seitenverkehrt auflegen). Die langgezogenen Konturen mit 1 cm Nahtzugabe zuschneiden, aber im Flügelbereich 1 cm über die Spitzen hinweg schneiden. Nicht die Flügelfedern einschneiden! Auf Seite 9, Fig. 5 und 6, ist diese Arbeitsweise dargestellt.
Schnitteile 4 und 3, entweder im Bruch liegend oder Stoß an Stoß, entlang der Bruchlinie gekontert, mit 1 cm Nahtzugabe aus dem roten Stoff je 1 x zuschneiden.
Schnitteil 5 mit 1 cm Nahtzugabe 2 x zuschneiden und einen 1,3 cm breiten und 19 cm langen Streifen aus dem schwarzen Filz abschneiden. Jetzt mit dem Nähvorgang beginnen.
Die einzelnen Flügelteile paarweise rechts auf rechts auf die Körperteile stecken, so daß die Punkte A auf A und B auf den spitzen Winkel am unteren Flügelteil trifft. Die äußere Flügelkante mit 1 cm Kantenabstand ab A, dann auf der Filzschreiberlinie den Federnbereich bis B ausnähen. Zwischen den einzelnen Federn vorsichtig einschneiden.
Beide Körperteile paßpunktgleich (E, D, F) rechts auf rechts legen, stecken und beide Flügelteile an der losen Flügelkante zwischen A und B (spitzer Winkel) ebenfalls zusammenstekken; bei E beginnen und bei F enden. An der Unterseite des Körpers eine Öffnung von 15 cm zum Verstürzen und Ausstopfen stehen lassen.
Die Nasenteile (5) entlang der Rundung verstürzen, leicht ausstopfen und die offene Kante mit Heftstichen schließen.
Oberes Schnabelteil (3) und unteres Schnabelteil (4) rechts auf rechts legen, den schwarzen Filzstreifen an einer Langseite schnittkantengleich einlegen,

Länge: 45 cm

Material
Stepp- oder Lackstoff: weiß, 60 cm/ 140 cm br.
Baumwollrest: rot
Filz: schwarz
Glasaugen: schwarz, 2 Stück, Ø 0,6 cm
Füllwatte: ca. 250 g
Nähgarn
Knopflochgarn

Alle Schnittvorlagen finden Sie auf der nächsten Doppelseite.

1a Kopf-Halsteil – a, E, D, F, b
1b Rückenteil – B, A, a, b
2 Flügel – A
3 Oberes Schnabelteil – C, D, E
4 Unteres Schnabelteil – F, D, C
5 Nase – E

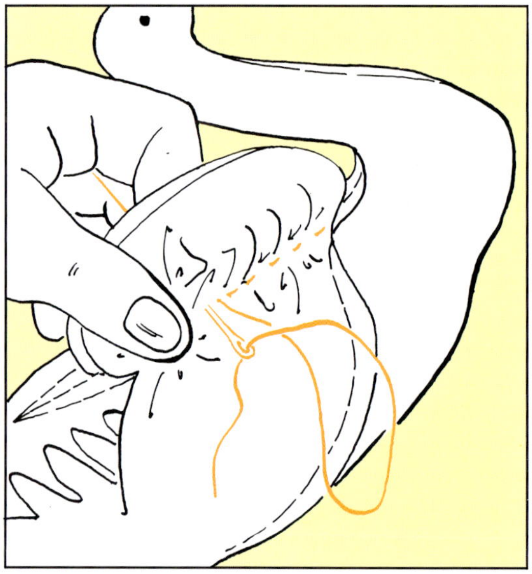

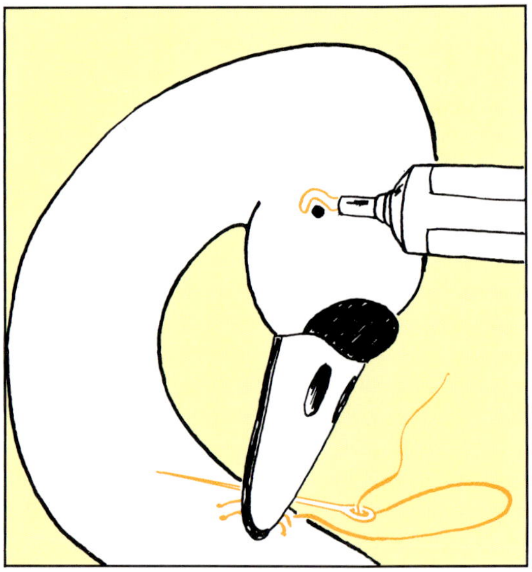

Fig. 1 *Die Flügel nach außen pressen, in der Rückenmitte einen Wulst hochformen, fest zusammendrücken und mit kleinen Handstichen von vorn nach hinten und umgekehrt durchnähen.*

Fig. 2 *Das Auge ca. 4 cm vom Schnabelansatz entfernt aufkleben. Wer die Körperhaltung des Schwans ändern will, kann die Schnabelunterseite mit ein paar festen Stichen an der gewünschten Stelle annähen.*

stecken und einnähen. Jetzt den Schnabel verstürzen, rechts auf rechts in die Kopföffnung einstecken, so daß E auf E und F auf F liegt und mit kleinen Handstichen (Rückstichen) einnähen; dabei das Nasenteil bei Punkt E einschieben. Den gesamten Körper durch die Öffnung an der Unterseite verstürzen und ausstopfen. Zuerst den Schnabel, dann ganz vorsichtig mit wenig Druck die Flügelspitzen und zum Schluß den Hals, das Schwänzchen und schließlich den restlichen Körper. Nicht zu fest stopfen! Die Öffnung mit Knopflochgarn und Staffierstichen schließen. Jetzt muß der Schwanz noch seine endgültige Form erhalten. Hierzu, wie in Fig. 1 dargestellt, auf der Rückenmitte einen Wulst hochdrücken und diesen vom Hals bis zum Flügelende mit Handstichen fixieren (befestigen). Die Wulsthöhe kann ca. 5 cm hoch sein. Das Abnähen braucht etwas Kraft und Geschicklichkeit. Zum Schluß noch die Augen und zwei ovale Nasenflecken aufkleben. Der Kopf des Schwans kann beliebig gedreht werden. Sehen Sie hierzu Fig. 2 oben.

Zur Erinnerung!

Ein fast vergessenes Märchen. Hier lebt es wieder auf: Es waren einmal drei Brüder. Einer davon hieß Gottfried und wurde von allen nur herumgeschubst. Als er wieder einmal im Wald weinend Holz sammelte, sprach ihn ein altes Weiblein an, das Mitleid mit ihm hatte: „In dieser Nacht noch wirst du nicht weit von hier einen Schwan finden. Das Besondere an ihm sind seine Federn. Sie glänzen so schön, daß, überall wo du hinkommst, die Leute nach ihnen greifen werden. Sage dann schnell ‚Schwan, kleb an!', und alle werden sie an dem schönen Federkleid hängenbleiben, und zwar so lange, bis du sie mit diesem Stöcklein, das ich dir hier schenke, berührst. Gehe und finde dein Glück, aber vergiß mich nicht!" Gottfried fand, was das Weiblein ihm vorausgesagt hatte, und zog los.
Alle, die ihm begegneten, wollten nach den Federn greifen, und alle blieben sie daran hängen; denn Gottfried sagte jedesmal „Schwan, kleb an!" So kam er schließlich an einem Schloß vorbei.
Der König hatte seine Tochter demjenigen als Belohnung versprochen, der die Gabe besaß, sie zum Lachen zu bringen. Als die Prinzessin die aneinanderklebende Menschenschlange sah, konnte auch sie nicht mehr ernst bleiben. Sie lachte, und alle freuten sich mit ihr. Da löste der König sein Versprechen ein, und Gottfried berührte sein Gefolge mit dem Stöcklein und gab allen die Freiheit wieder.
Der Schwan aber erhob sich in die Lüfte und ward nie mehr gesehen. Gottfried holte das alte Weiblein zu sich und der Prinzessin, und alle lebten glücklich bis...

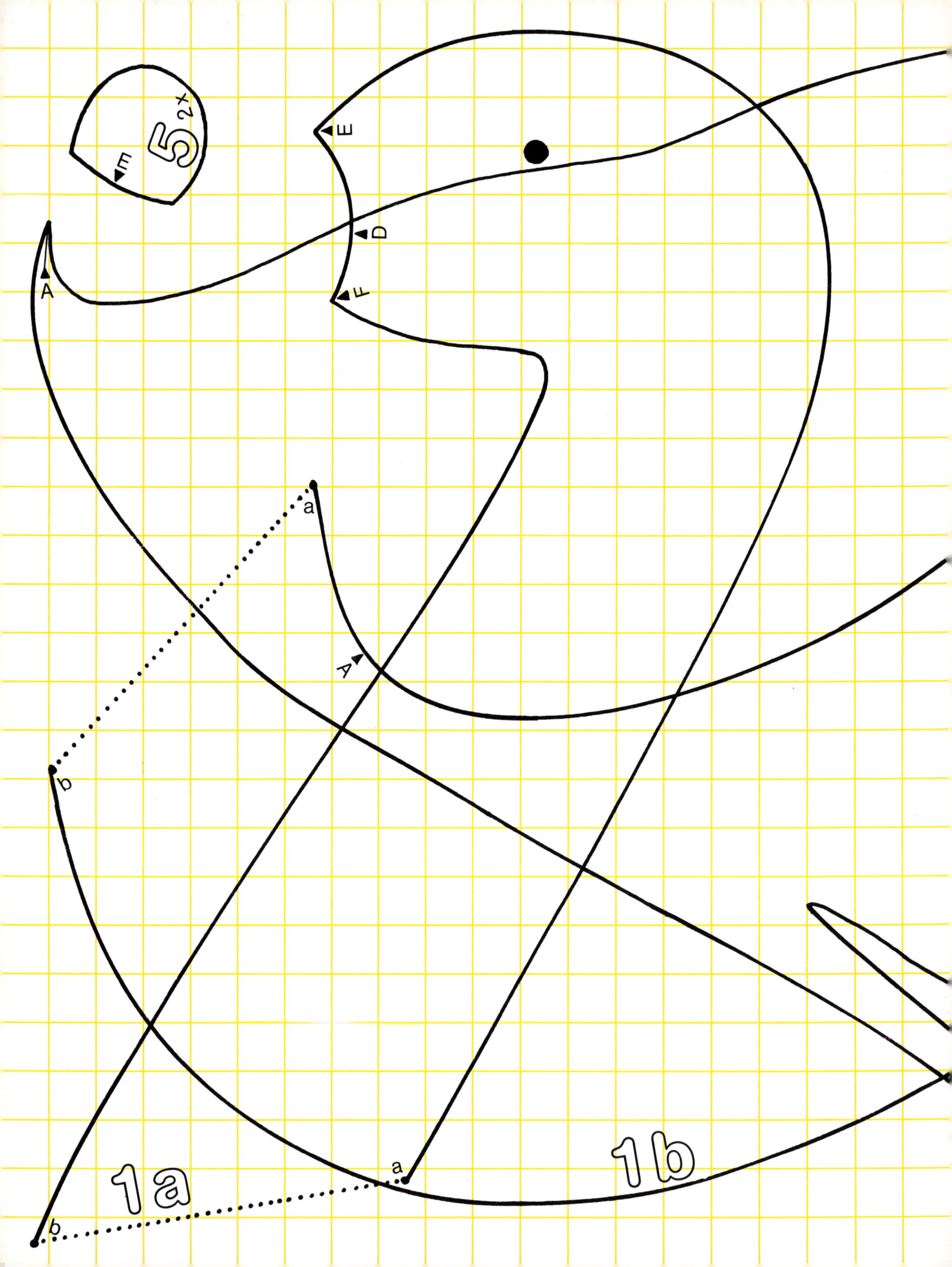

5 2x
E
E
D
F
A
a
A
b
1a
1b
a
b

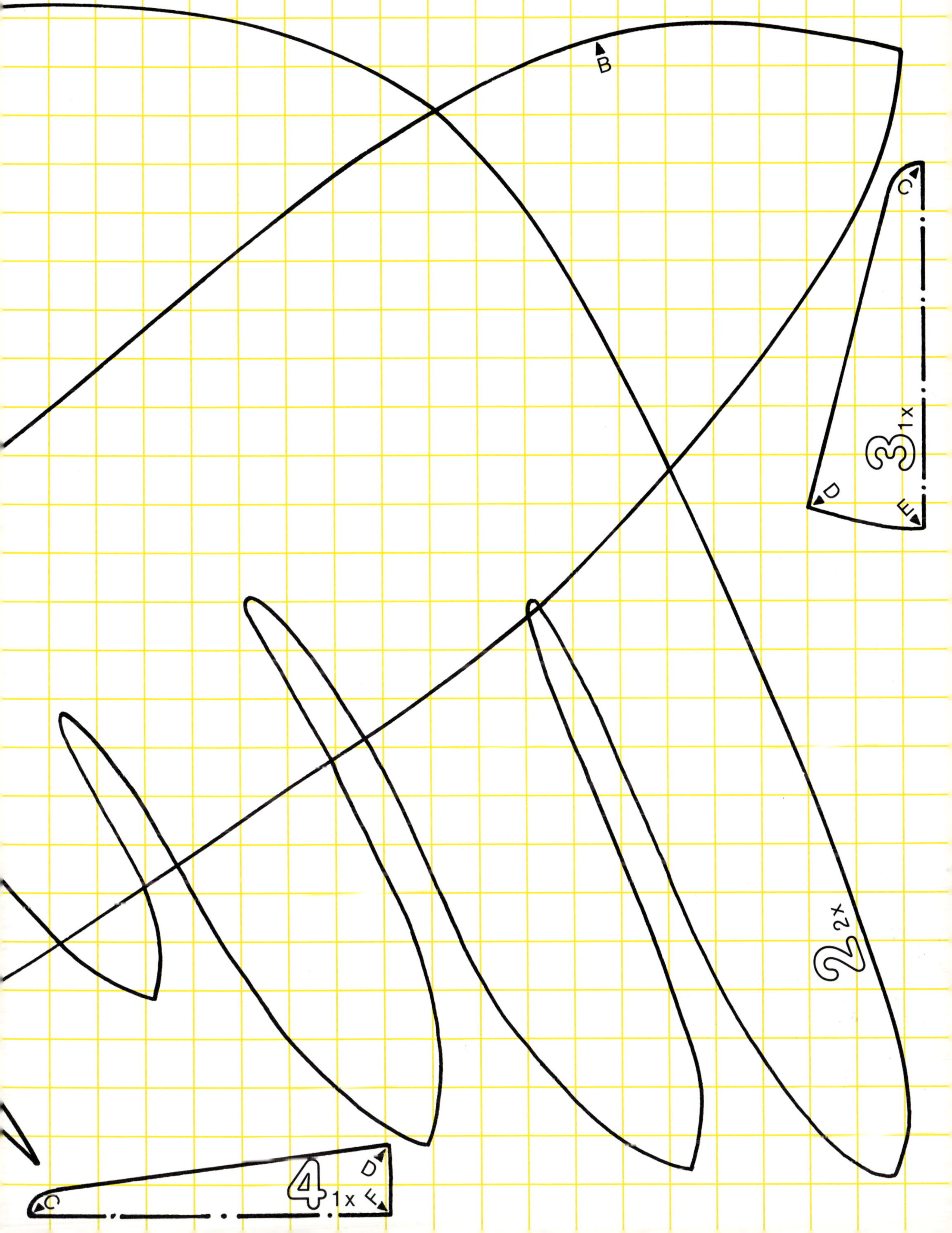
B
C
D
E
3 1x
2 2x
C
D
E
4 1x

Liebliche Puppenkinder

Da schiebt der Flori das Kathrinchen,
die Moni hängt sich bei ihm ein.
Dem Knuddel paßt dies rein gar nicht,
er würde lieber bei einem Puppenfreund sein.
Helft ihm – und auch den anderen drei'n,
sie alle wollen lieber bei euch zu Hause sein.

Lausbub „Florian“

Größe: 78 cm

Material

Puppenjersey: hautton, 80 cm/140 cm br.
Baumwolle: Hemd, aprikot, 45 cm/ 140 cm br.
Waschleder: Hose, sand, 50 cm/90 cm br.
Wäschejerseyreste: rot, braun, beige bedruckt
Langhaarfell: hellbraun, 38 x 23 cm (Strichrichtung zur Längsseite)
Gesichtsmaske: für Kopfumfang 38 cm
Füllwatte: ca. 500 g
Lackfarben: braun, schwarz, grün, weiß, rot
Futterrest
Bastelleim

Alle Schnittvorlagen finden Sie auf der nächsten Doppelseite.

1 Körper/Vorderteil
2 Körper/Rückenteil
3 Arm
4 Bein
5 Hemd/Vorderteil – N, H, I, K, L
6 Hemd/Rückenteil – L, M, I, H
7 Oberes Ärmelteil – M, f, e, K, I
8 Unteres Ärmelteil – f, e
8a Vorderhose – d, F, E, C, G, A, c
8b Vorderhose Beinverlängerung – c, B, D, d
9a Hinterhose – a, F, E, C, A, b
9b Hinterhose Beinverlängerung – b, B, D, a
10 Hemdkragen – H, N

Alle Schnittvorlagen abkopieren, Schnitteile 8a und 8b entlang der gepunkteten Linie c/d Stoß an Stoß mit Klebstreifen aneinanderkleben. Das gleiche geschieht mit den Teilen 7 und 8 entlang e/f sowie bei 9a und 9b entlang a/b.
Den Puppenjersey doppelt legen, Schnitt 1 am Bruch, Schnitt 2 offen, Schnitte 3 und 4 zuerst aufzeichnen, dann erneut aufstecken. An der Bruchkante den Kopfüberzug abmessen (Gesamtmaß: 35 x 35 cm).
Jetzt alle Schnitteile mit 1 cm Nahtzugabe zuschneiden. Die Maske bis in den letzten Winkel mit Bastelleim einstreichen, dann den Stoff darüberspannen. An den Augen, Mund und Nase immer wieder der Form anpassen, bis sich der Stoff nicht mehr löst. Nun den Körper anfertigen. Arme und Beine, rechts auf rechts liegend, verstürzen (Nahtzugabe zurückschneiden!) und kräftig ausstopfen. Die offenen Kanten der einzelnen Glieder, Naht auf Naht liegend, zusammenheften. Die Rückenteile ab Schrittkante 9 cm und ab Halskante 5 cm zusammennähen. Die Nahtzugabe aus-, die offenen Kanten einbügeln und von rechts knappkantig absteppen. Zuerst eine Schulternaht ab Halskante (schräger Kantenverlauf) schließen, 1 cm vor der Schnittkante die Nadel im Stoff lassen, das Nähgut drehen, einen Arm schnittkantengleich einschieben, zwei Fältchen legen und weiter die Taille herunter bis zur nächsten Ecke nähen. Nadel unten lassen, Stoff drehen, Bein einschieben, Fältchen legen (auch am Körper) und die Beinschräge abnähen. Den Schritt schließen und die andere Körperseite ebenfalls mit eingelegtem Bein und Arm abnähen. Die Glieder während des Nähens aus der Rückennahtöffnung herausragen lassen. Den Körper verstürzen und die offene Halskante 1 cm umheften.
Jetzt den Kopf, wie in Fig. 1 + 2 dargestellt, fertigstellen.
Achten Sie darauf, daß sie zwei gleich große Augen zeichnen. Jetzt das Augenweiß ausmalen, die Iris in Grün auftragen, die Pupille in Schwarz daraufsetzen, das Oberlid in Braun andeuten und mit einem Lidstrich in Schwarz enden. Ein Lichttupfer in die Pupille bringt das Auge optisch zum Leben. Die Augenbrauen relativ gerade in Braun anlegen, den Mund mit einem Braun-Rot-Gemisch ausmalen. Den Hals mit der Papprolle in die Halsöffnung des Körpers setzen und mit Staffierstichen festnähen. Den Körper ausstopfen und die Rückennaht schließen. Das Langhaarfell breitseitig auf Bruch und so auf den Tisch legen, daß die Bruchkante oben und die Strichrichtung, die Haarspitzen links vor Ihnen liegen. 9 cm von links entlang der Bruchkante einen Punkt markieren. Auf der unteren, gegenüberliegenden Seite 8 cm von

Mein
Schultag

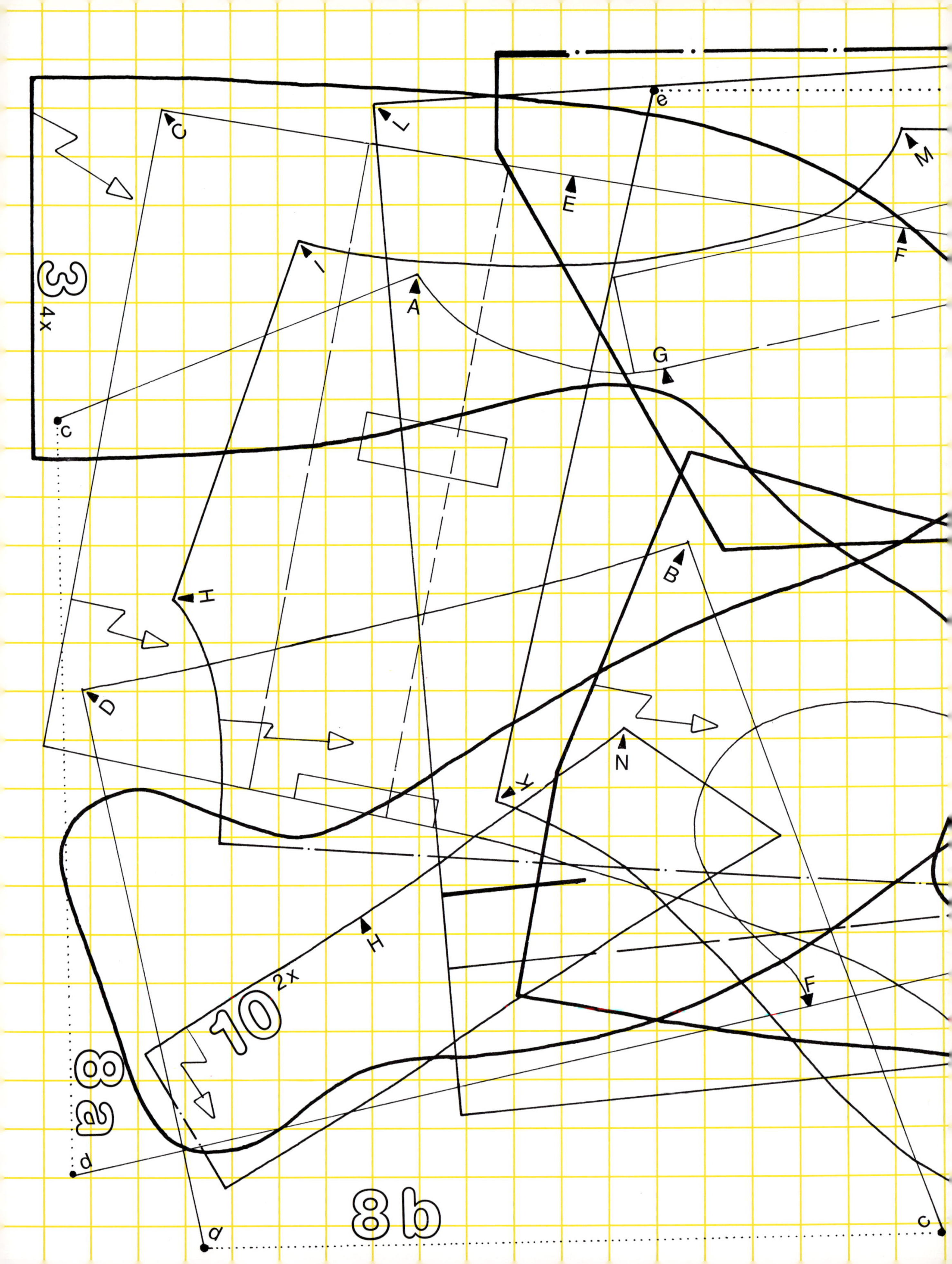

3
4x
8 a
8 b
10
2x
A
B
C
D
E
F
G
H
I
K
L
M
N
c
d
e

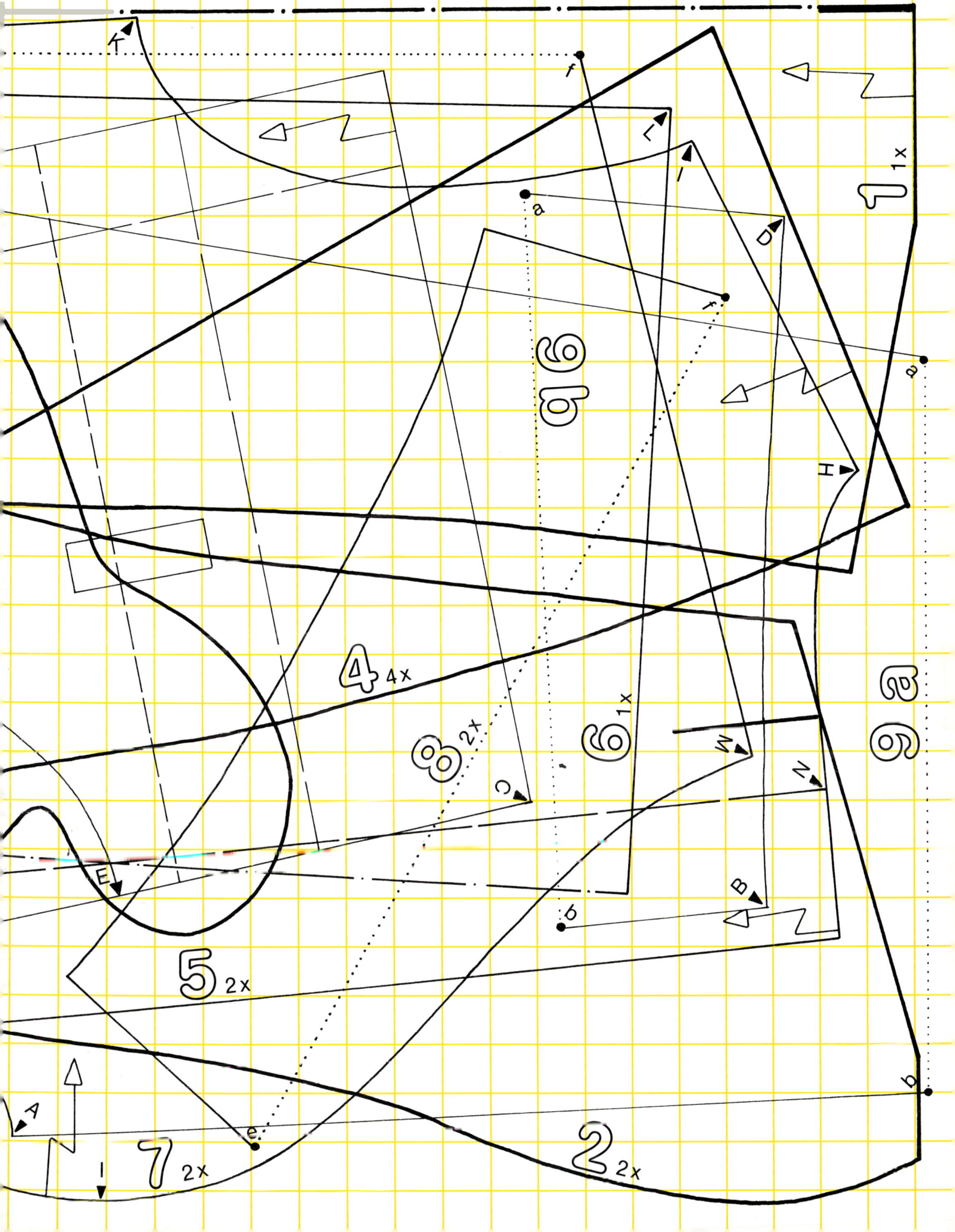

1 1x
2 2x
4 4x
5 2x
6 1x
7 2x
8 2x
9a
9b

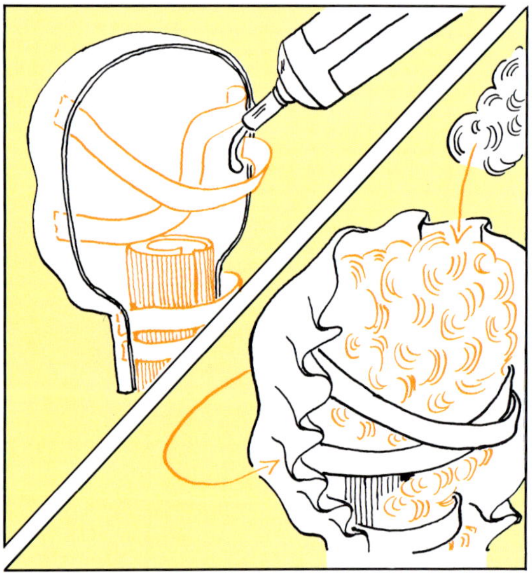

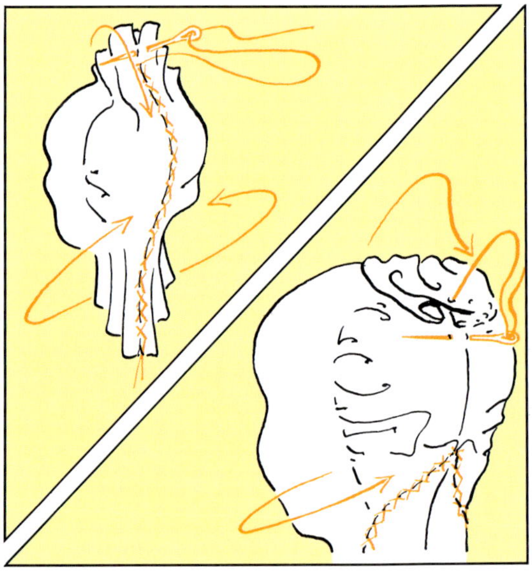

Fig. 1 *Überflüssiges Plastikmaterial am Hinterkopf der Gesichtsmaske abtrennen sowie auch den Halsverschluß unten ausschneiden. Zwei 21 cm lange, 2 cm breite Futterstreifen, am Hinterkopf über Kreuz, an die Gesichtskanten kleben. Am Hals zwei 10,5 cm lange, 1 cm breite Streifen ankleben. Das Gesicht einleimen und mit dem Gesichtsjersey bis zur Maskenkante aufkleben. Eine Pappe mit 20 cm Länge auf einen Umfang von 10,5 cm rollen, fixieren und bis Kopfmitte am Hals ankleben. Den Kopf leicht, den Hohlraum der Papprolle kräftig ausstopfen.*

Fig. 2 *Den Gesichtsstoff in der hinteren Mitte mit Kreuzstichen zusammennähen. Den Hinterkopf nachstopfen und in Form drükken. Vom Halsende her den Stoff stramm, schräg zur Mitte hin ziehen, Abnäher legen und festnähen. Am Kopfende den Stoff von der Seite her nach innen schlagen, zum Hinterkopf hin stramm ziehen, dann mit Kreuzstichen festnähen.*

links nach rechts ebenfalls den Punkt markieren. Vom oberen Punkt ausgehend, bis zur Mitte der rechten Kante einen großzügigen Bogen weiter-, in eine C-Form übergehend auszeichnen; allerdings das letzte Stück senkrecht zum unteren Punkt hinzeichnen. Wenn Sie nun den Puppenkopf von der Seite betrachten, dann sollte Ihre gezeichnete Linie den ungefähren Verlauf des Hinterkopfes haben. Das Fell entlang der Linie abnähen und die Fellseite nach außen wenden. Das so entstandene Haarteil auf dem Puppenkopf ankleben. Das Hemd, bestehend aus den Schnitteilen 5, 6, 7/8 und 10, aus dem Baumwollstoff, und die Hose, bestehend aus den Teilen 8a/b und 9a/b aus dem Waschleder anfertigen. Alle Stoffe auf Bruch legen, die Schnittvorlagen mit 1 cm Nahtzugabe aufzeichnen und anschließend zuschneiden. Achten Sie darauf, daß das Hemdrückenteil 1 x und das Kragenteil 2 x im Bruch angelegt werden. Zuerst die Schulternähte von Vorder- und Rückenteil des Hemdes (I, H) schließen. Die Teile auseinanderklappen, die Ärmelteile rechts auf rechts an die betreffenden Ausschnittkanten stecken (K, M), an der Schulter (I) je Ärmel eine Kellerfalte einlegen und die Ärmel annähen. Vorder- und Rückenteil wieder rechts auf rechts zusammenlegen und in einem Arbeitsgang die Ärmel- sowie auch die Seitennaht (K, L) schließen. Untere Hemdkante und Ärmelkante einsäumen. Den Kragen verstürzen und von rechts an den Halsausschnitt stecken (N, H). Die vordere Kante entlang der Umbruchlinie (N) zum Kragen hin legen (auf die rechte Stoffseite), anstecken und den Halsausschnitt abnähen. Die vordere Umschlagkante zur Innenseite bügeln und mit dem Kragen knappkantig absteppen und als Verschluß ein Stück Klettband anbringen. Je ein vorderes und ein hinteres Hosenbein aufeinanderlegen und die Seitennähte schließen; dabei zwischen E und F offen lassen. Hier die Taschenbeutel rechts auf rechts an die Nahtzugabe nähen, die Beutelform schließen und zusammen versäubern. Jetzt die inneren Beinnähte zusammennähen und im Anschluß daran die Gesäßnaht zur Leibnaht bis G schließen. Gürtelschlaufen anfertigen. Die Bundkante entlang der Umbruchlinie zur Innenseite schlagen, und laut Schnittvorlage auf Stepplinienhöhe abnähen. Die Umbruchkante knappkantig absteppen. Die offene Leibkante ab G bis zum Bund einschlagen und mit 0,5 cm breitem Klettband versehen. Die Gürtelschlaufen auf Gürtelbreite schneiden und entlang den Stepplinien aufnähen. Zum Schluß die Hosenbeine einsäumen. Die Unterwäsche vom Hemd- und Hosenschnitt geringfügig abändern, d. h. Beine kürzen, Bundumschlag schmälern, die Schultern begradigen sowie die Seiten senkrecht hochziehen. Das Vorderteil wie das Rückenteil im Bruch anlegen und den Halsausschnitt mit Gummiband einziehen. Die Socken von der Schnittvorlage des Beines bis auf Kniehöhe abnehmen.

Romantikerin „Moni“

Die Schnittvorlagen abkopieren und die eingezeichneten Halsbelege von den Schnitten 5 und 6 separat abnehmen. Den Puppenjersey 2 x auf Bruch legen: eine Webkante 17 cm einschlagen, den Gesichtsüberzug 33 x 17 cm (Gesamtmaß: 33 x 33 cm) zuschneiden, dann die andere Webkante an diese Schnittkante anlegen und die Körperteile 1 (im Bruch), 2 (daneben), 3 und 4 (je 2 x) auflegen. Mit 0,5 cm Nahtzugabe zuschneiden. Ab Hals die hintere Mitte über K bis zum Schritt schließen; dabei in der Mitte eine Öffnung lassen. Die hinteren Abnäher am Beinausschnitt und den vorderen Abnäher bis I nähen. Beide Körperteile rechts auf rechts legen und Hals, Schulter, Schritt und Seite schließen. An die offenen Beinausschnitte einen Kräuselfaden (Knopflochgarn) anbringen, fest zusammenziehen, verknoten und vernähen, dann verstürzen. Arm- und Beinzuschnitte paarweise zusammennähen (die Kräuselkante nicht nähen!) und an jedem Teil an der hinteren Naht eine 4–5-cm-Öffnung stehen lassen. Die offene Kante einkrauseln, eine Gelenkscheibe mit Schraubenansatz durchstechen, die Nahtzugabe dabei flachdrücken, fest zusammenziehen, verknoten und vernähen. Die Körperglieder verstürzen und die Finger der Hände abnähen. Alle Teile ausstopfen; dabei die Finger besonders sorgsam behandeln. Die Öffnungen mit Staffierstichen schließen. Körper und Glieder mit zwischengelegter Beilagscheibe von innen her mit dem Rasterstück verbinden. Erstmals beiseite legen. Das Gesicht und den Hals des Styroporkopfes einleimen und den Jersey in Längsrichtung darüberspannen. Augen, Nase und Mund immer wieder mit dem Fingernagel in Form bringen, bis sich der Stoff nicht mehr löst. Jetzt den Hinterkopf einleimen, die Seitenkanten nach hinten überlappen, am Kopfende rechts und links einen Abnäher legen, überflüssigen Stoff abschneiden und übereinanderlegen. Am Hals in der hinteren Mitte einen Abnäher legen, auch hier überflüssigen Stoff wegschneiden, dann die Kanten übereinanderziehen und ankleben (siehe Fig. 1). An der Halsunterseite kleine Fältchen legen, die Kanten in der Halsmitte aneinanderstoßen lassen (überflüssigen Stoff abschneiden) und festkleben. Das Gesicht zuerst mit Bleistift vorzeichnen. Die Augenbrauen gestrichelt mit Braun aufmalen. Das Auge mit Weiß beginnen, die Iris in Braun mit etwas Weiß vermischt aufmalen und die Pupille in Schwarz mit einem Tupfer Weiß als Lichtpunkt daraufsetzen. Das Oberlid schön geschwungen in Braun mit einem schwarzen Lidstrich darüberzeichnen. Die Nasenlöcher mit zwei Punkten andeuten und den Mund in sattem

***Größe:* 57 cm**

Material

Puppenjersey: hautton, 35 cm/140 cm br.
1 Styroporknopf: Kopfumfang 33 cm
1 Styroporkugel: Ø 6 cm
Gelenkscheiben: Ø 3 cm
1 Perücke: schwarz,
Füllwatte: ca. 250 g
Kleiderstoff: mint bedruckt, 30 cm/140 cm br.
Wäschestoff: weiß, 25 cm/140 cm br.
Synthetikspitze: 1,10 m/4,5 cm br.; 60 cm/1,5 cm br.
Spitzenrest: Stretch
Lackfarben: braun, schwarz, rot, weiß
Draht: Ø 1 mm, 50 cm (kein Bindedraht)
3 Knöpfe: Ø 2 cm
5 Blusenknöpfe

Alle Schnittvorlagen finden Sie auf der nächsten Doppelseite.

1 Körper/Vorderteil – I
2 Körper/Rückenteil – K
3 Arm
4 Bein
5 Kleidoberteil/Vorderteil – A, B, C
6 Kleidoberteil/Rückenteil – D, B, A
7 Ärmel – D, B
8 Vorderhose – G, H, F, E
9 Hinterhose – F, H, G, E
10 Strumpf – L, N, M

Schnittvorgabe
A Rockteil

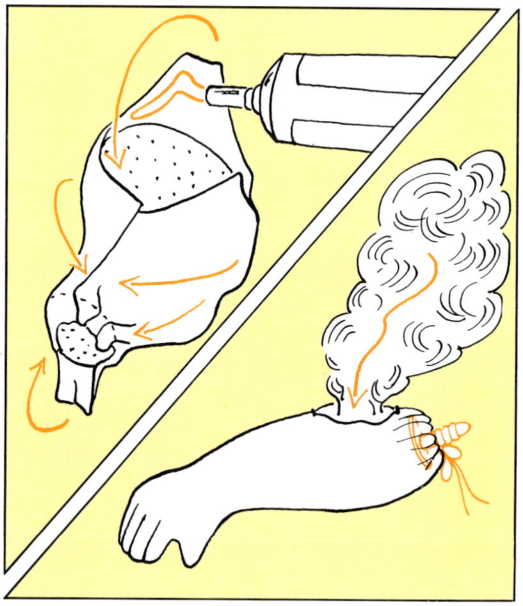

Fig. 1 Beim Kopfüberzug die seitlichen Stoffkanten nach hinten legen, an der Kopfoberseite rechts und links einen Abnäher legen, davon den überflüssigen Stoff wegschneiden und die Kanten straff übereinanderkleben. Am Hals kleine Fältchen einlegen und an der Unterseite die Kanten übereinanderziehen und ankleben. An der hinteren Ärmelnaht eine Öffnung zum Ausstopfen lassen. Die Oberarmkante zusammenziehen, eine Gelenkscheibe mit Schraubenansatz von innen nach außen durchstechen und den Arm fertig ausstopfen.

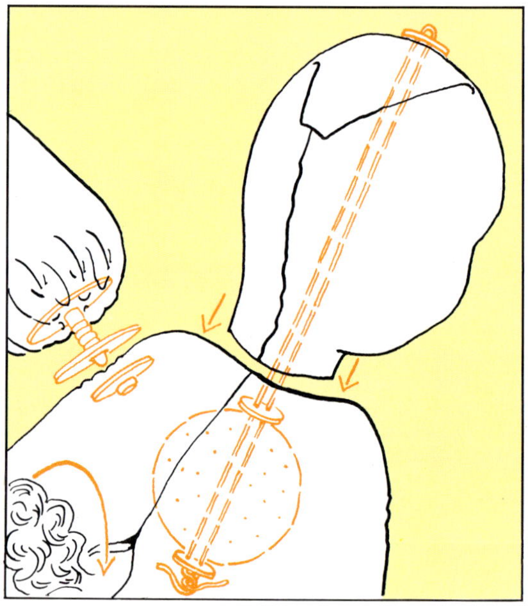

Fig. 2 Das Schraubenstück am Oberarm an der Seitennaht des Körpers durchstechen, dazwischen eine Beilagscheibe (zur Schonung des Stoffes) einlegen und vom Körperinneren mit der Rasterscheibe fixieren. Den Draht in der Mitte parallel knicken, durch einen Knopf fädeln und im Abstand der Knopflöcher 2 x mit einer dünnen Stricknadel o. ä. vorsichtig den Kopf durchstechen. Den Draht einschieben und durch die Halsnaht des Körpers führen. Eine ebenfalls vorgebohrte Styroporkugel von unten und oben mit einem Knopf versehen und den Draht durchführend am unteren Ende durch Verdrehen fixieren.

Rot ausmalen. Jetzt den Kopf, wie in Fig. 2 gezeigt, auf die Schulter des Körpers setzen. Vorsichtig mit dem Draht durch die Schulter-/Halsnaht stechen. Die Körperkugel bis zum Hals nach oben schieben. Den Körper ausstopfen und die Rückenöffnung schließen. Zum Schluß noch die Perücke auf Paßform überprüfen, dann aufkleben. Den Kleiderstoff auf Bruch legen. Schnitteil 6 am Bruch anlegen, Teil 5 etwas entfernt daneben, Teil 7 mit der Armkugel in Teil 5 und 6 leicht einschieben, die Belege dazwischenlegen und laut Schnittvorgabe A das Rockteil im Anschluß daran abmessen. Alle Teile mit 1 cm Nahtzugabe zuschneiden. Das Vorderteil entlang der Umbruchlinie einschlagen und vordere Mitte auf vordere Mitte stecken. Die Rockteile an einer langen Seite einkräuseln, rechts auf rechts schnittkantengleich an die unteren Kanten des Oberteils stecken und festnähen; dabei die 4,5 cm breite Spitze einschieben. Die Nahtzugabe nach oben legen und von rechts knappkantig feststeppen. Die Schulterkante am Vorderteil einkräuseln (A, B), rechts auf rechts auf das Rückenteil legen (A, B) und beide Teile zusammennähen. Die Belege an der Schulter ebenfalls zusammennähen (A), dann rechts auf rechts an den Halsausschnitt stecken (A). Die vordere Kante entlang der Umbruchlinie auf die rechte Stoffseite schlagen, über der Belegkante feststecken und den gesamten Halsausschnitt verstürzen. Den Beleg und die vorderen Verschlußkanten in Form bügeln; letztere mit Klettband versehen. Die restliche 4,5 cm breite Spitze einkräuseln und auf die Halskante aufsteppen; an der vorderen Kante einschlagen. Die Kellerfalte am Ärmel einlegen, diesen rechts auf rechts an die aufgeklappten Armausschnitte an Vorder- und Rückenteil nähen (C, B, D). Die Ärmel- und die Seitennaht in einem Arbeitsgang schließen. Den Ärmel und das Rockteil einsäumen.

Für das Trägerhemd das Schnitteil 5 an der eingezeichneten Linie ab C abtrennen, davon das untere Teil entlang der vorderen Kante 2 x im Bruch anlegen und mit 1 cm Nahtzugabe zuschneiden. Die Seitennähte schließen, obere Kante 1 cm einschlagen, heften und von rechts mit aufgelegter Spitze 2 x absteppen. In den Tunnel einen Gummi einziehen. Zum Schluß verstürzte Futterstreifen als Träger annähen und die untere Hemdkante einsäumen.

Die je 2 x zugeschnittenen Hosenteile paarweise zusammennähen. Zuerst die Seiten (E, F), dann die inneren Beinnähte (G, H) und zum Schluß die Gesäß- und Leibnaht schließen. Die Bundkante einschlagen, einen Gummi einziehen und die Hosenlänge mit Spitze verziert einsäumen.

Den Strumpf 2 x im Bruch anlegen. Die hintere Naht schließen, N auf M legen und die Spitze abrunden.

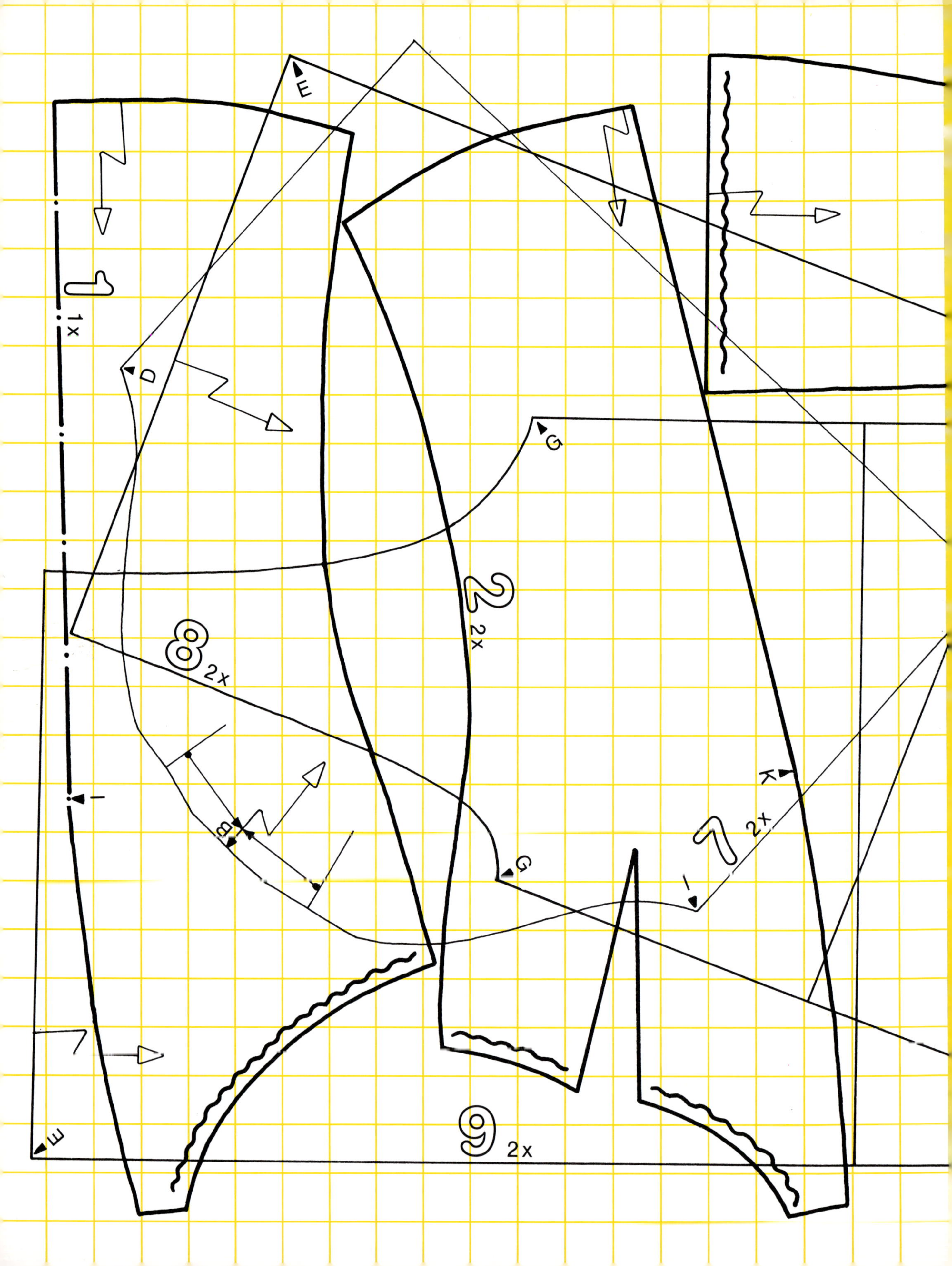

1
1x
2
2x
7
2x
8
2x
9
2x
D
E
G
I
K
B

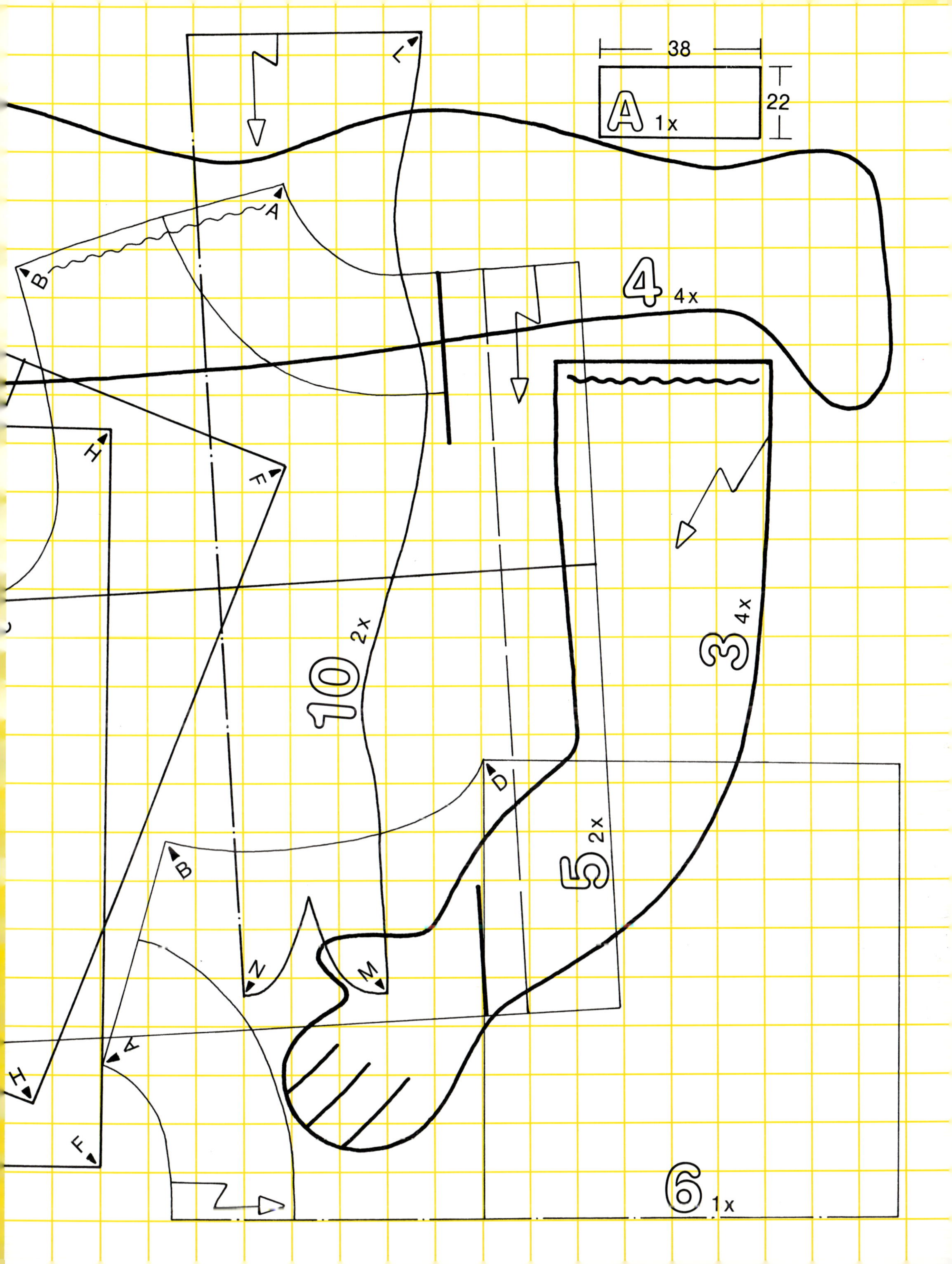

38
22
A 1x
4 4x
3 4x
10 2x
5 2x
6 1x
A
B
H
F
L
D
N
M

Baby „Kathrinchen“

***Größe:* 58 cm**

Material

Puppenjersey: hautton, 30 cm/140 cm br.
Puppen-Modelliermasse: hautton, 500 g
Füllwatte: ca. 250 g
Batiststoff: Kleid, rosé, 40 cm/140 cm br.; Hose, weiß, 40 cm/140 cm br.
Stickereispitze: rosé, 50 cm
Satinband: rosé, 2,50 m/9 mm br.
Baumwollspitze: 1,40 m/2,5 cm br.
1 Pappmachékugel: Ø 6 cm
1 Papprolle: Ø 4 cm
Montagewerkzeug: 1 Sechskantschraube, 9 cm, 1 Mutter, 2 Beilagscheiben

Alle Schnittvorlagen finden Sie auf der nächsten Doppelseite.

1 Vorderteil – B, A
2 Rückenteil – C, C, D, D
3 Stoffarm – F, E
4 Oberarm – F, E
5 Bein
6 Haube – H, G, S
7 Haubenbesatz – G, H
8 Kleid und Overalloberteil/Vorderteil – K, I, R, M, L
9 Kleid- und Overallooberteil/Rückenteil – N, I, K, L, M
10 Ärmel – K, L, L
11 Vorderhose/Overall – M, Q, P, O, R
12 Hinterhose/Overall – M, Q, P, O, N

Schnittvorgabe
A Rockteil

Die Schnittvorlagen von 1–12 abkopieren. Alle Suchnummern mit Zuschnittangaben, den Markierungspunkten, Fadenlaufpfeilen und Bruchlinien einzeichnen. Am besten mit dem Modellieren des Kopfes beginnen, da das Trocknen der Masse einige Zeit dauert. Wie in Fig. 1 dargestellt und beschrieben, die Papprolle mehrmals einschneiden, die Kanten 1 cm nach innen legen und an der Pappmachékugel ankleben. Der Kopfunterbau kann auch mit Alufolie angefertigt werden. Hierzu mit einer kleinen Alukugel beginnen und immer wieder neue Lagen darüberformen, bis ein Durchmesser von 7 cm erreicht ist. An der Unterseite eine 5 cm lange Papprolle für den Hals miteinarbeiten. Der Übergang vom Hinterkopf zum Hals sollte sehr sanft verlaufen. Die Schraube mit Beilagscheibe in den mit Modelliermasse gefüllten Tunnel drücken und das Ganze erstmals trocknen lassen (Hinweise der Herstellerfirma beachten!). In der Zwischenzeit den Körper anfertigen. Den Puppenjersey auf Bruch legen, die Schnitteile 1, 2, 4 und 5 aufstekken; dabei 1 im Bruch anlegen, 4 und 5 je 2 x auflegen. Alle Teile mit 1 cm Nahtzugabe zuschneiden. Wenn Ihnen das Modellieren der Hand zu aufwendig ist, dann haben Sie die Möglichkeit, eine Stoffhand anzufertigen. Hierbei Schnitt 3 Stoß an Stoß an Schnitt 4 kleben (E, F). Die hinteren Poabnäher (C auf C und D auf D) nähen, dann die hintere Mitte schließen. Beim Vorderteil den Abnäher ab B bis A nähen. Beide Körperteile rechts auf rechts legen und verstürzen; hierzu eine Öffnung am Hals lassen. Arme und Beine paarweise zusammennähen und durch eine hintere Nahtöffnung verstürzen. Alle Teile, inklusive dem Körper, ausstopfen und die Öffnungen mit Staffierstichen schließen. Wer die Hände modelliert, braucht nur Schnitt 5 entlang der Rundung verstürzen, dann die offene Kante mit einem Kräuselfaden versehen und ebenfalls ausstopfen. Die Glieder mit Knopflochseide am Körper befestigen.

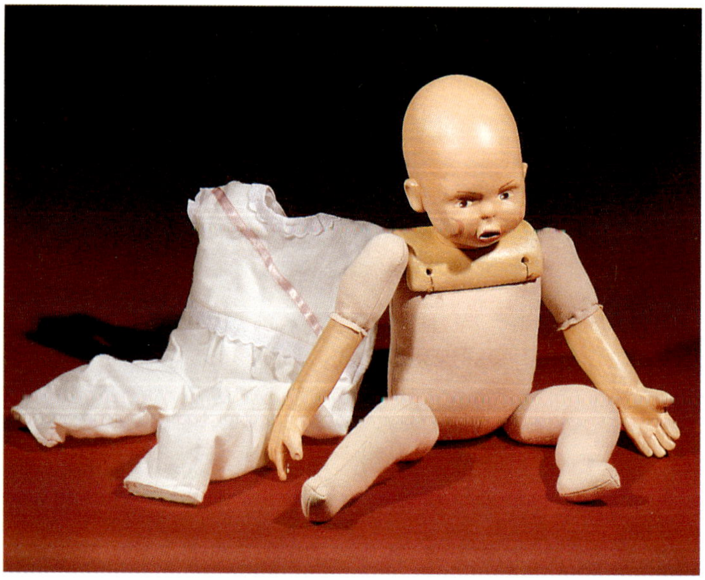

Ist der Kopfunterbau ausgehärtet und sitzt die Schraube fest, dann mit der Modelliermasse die eigentliche Kopfform anfertigen. Die Hände anhand der Schnittvorlage 3 ebenfalls modellieren. Um Masse zu sparen, kann auch hier mit Alufolie vorgeformt werden. Beim Gesicht die Augenhöhlen einformen, dabei die Nase herausschieben. Den Mund und die Ohren separat formen, dann am Kopf ansetzen, vorsichtig andrücken und den Ansatz glattstreichen. Am Hals maximal 2 mm Modelliermasse auf die Papprolle auftragen. Den Hinterkopf etwas flacher halten, dafür aber höher hinausformen. Ein Alu-Podest anfertigen, den Kopf daraufsetzen und trocknen lassen. Die Schulterplatte 3 mm stark ausrollen (11 x 11 cm), die Ecken abrunden und lochen, dann zu Brust und Rücken formen. Die Schulter in der Tiefe so anfertigen, daß der Hals kantengleich abschließt, dabei eine kleine Mulde miteinformen. In der Mitte ein Loch für die Schraube anbringen; danach trocknen lassen. Die Hände, wie in Fig. 2 auf Seite 16 dargestellt, anfertigen. Diese nach dem Trocknen lak-

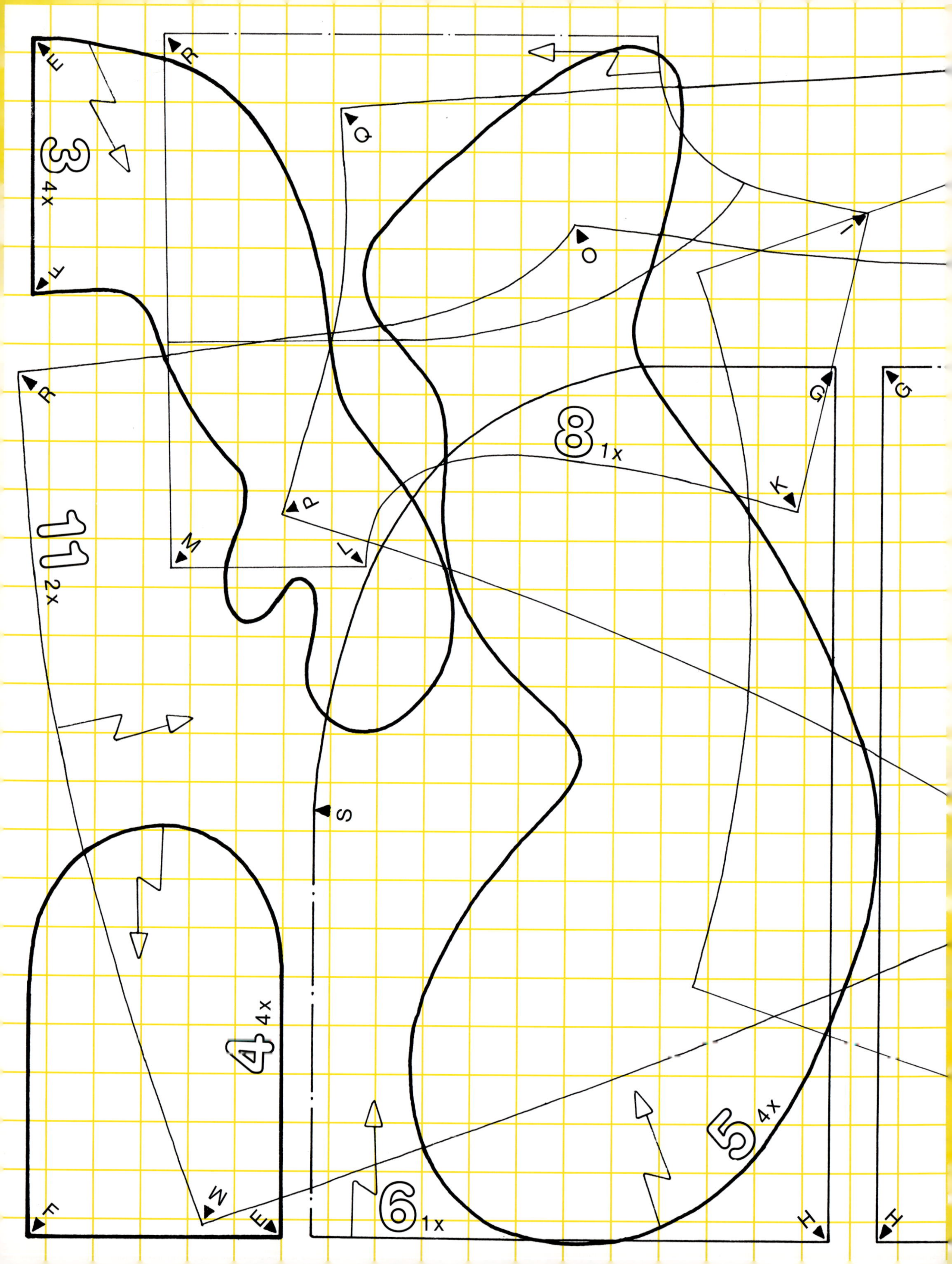

3 4x
11 2x
4 4x
8 1x
5 4x
6 1x
S

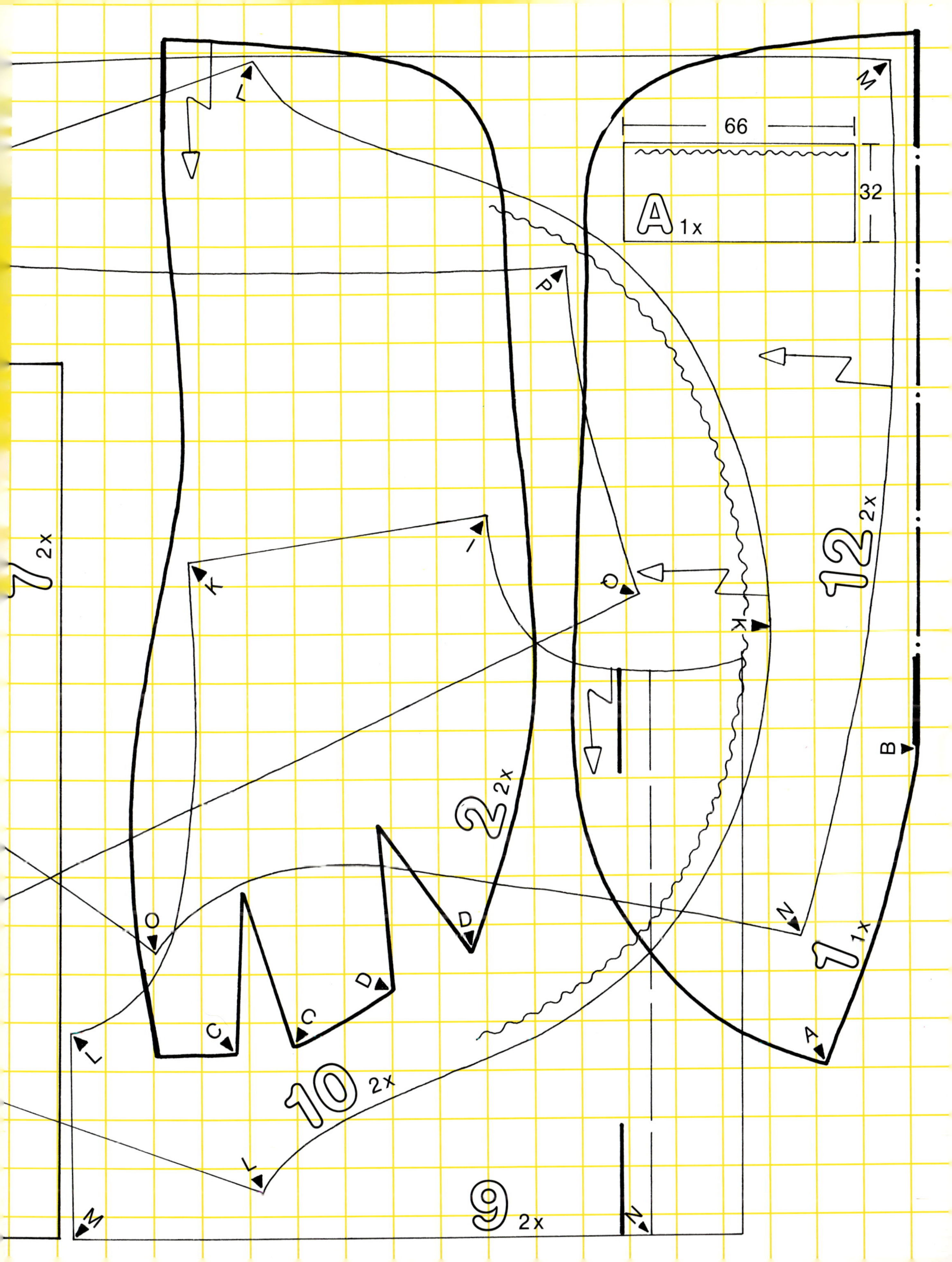

66
32
A 1x
12 2x
1 1x
2 2x
10 2x
9 2x
7 2x

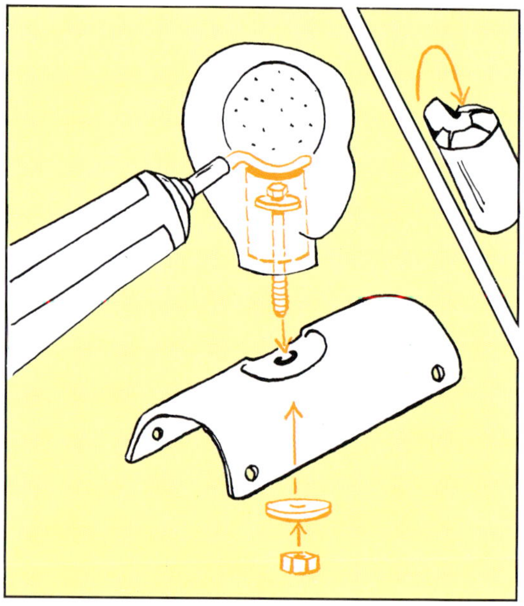

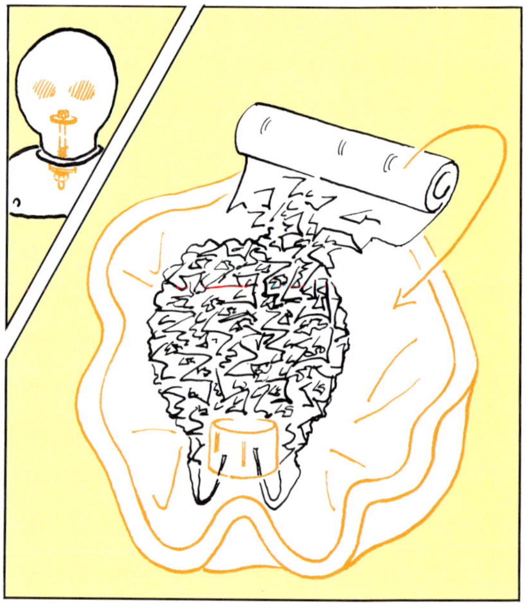

Fig. 1 Die Papprolle an einer Seite 1 cm tief mehrmals einschneiden, nach innen knikken und an der Pappmachékugel ankleben. Den Hohlraum der Papprolle mit Modelliermasse füllen und die Schraube in der Mitte hochschieben. 2,5 cm das Schraubgewinde herausragen und das Material trocknen lassen. Den Kopf drumherum modellieren. Eine 3 mm starke Schulterplatte mit Halsführung anfertigen, ebenfalls trocknen lassen, anschließend Gesicht und Platte abschleifen. Den Kopf unterhalb der Platte mit Beilagscheibe und Mutter fixieren.

Fig. 2 Anstelle einer Pappmachékugel kann der Kopf auch mit Alufolie vorgeformt werden; dabei ebenfalls eine Papprolle (5 cm lang) als Halsstück einarbeiten. Montieren, wie in Fig. 1 dargestellt.

kieren, abschleifen, dann Klebstoff in die Kerbe geben und die Kräuselkante des Oberarms daran befestigen. Das Gesicht in sanften Tönen aufmalen: die Augengröße mit dem Weiß anlegen, eine blaue mit Weiß vermischte Iris einmalen und die braune Pupille in der Mitte plazieren. Das Augenlid in Braun mit Weiß vermischt darübersetzen. Die zarten Augenbrauen und die Nasenlöcher in Braun andeuten. Den Mund in Rot mit Weiß vermischt ausmalen. Leichtes Wangenrouge andeuten. Alle Teile lackieren und trocknen lassen. Die Kopfmontage, wie in Fig. 1 dargestellt, anbringen. Die Schulterplatte am Körper beidseitig annähen. Für das Kleidchen die Schnitte 8, 9, 10 (mit 0,5 cm Nahtzugabe) und Schnittvorgabe A zuschneiden. Wer einen Spitzeneinsatz im Vorderteil einarbeiten möchte, bitte die Trennungslinie auf der Vorlage beachten.

Zuerst die Schulternähte schließen (K, I). Den Halsausschnitt mit Satinband einfassen. Entlang der Umbruchlinien am Rückenteil die Kante einschlagen und mit 0,5 cm breitem Klettband verschließen. Den Ärmelzuschnitt an der Armkugel einkräuseln, rechts auf rechts an den Armausschnitt stecken (L, K, L) und annähen. Den Rockzuschnitt an einer langen Seite einkräuseln, an die Oberteile stekken und annähen. In einem Arbeitsgang die Ärmel- und Seitennaht (Bindeband miteinschieben) schließen. Die Ärmelkante mit Satinband einfassen und die Rocklänge einsäumen. Das Häubchen ebenfalls zuschneiden, die Rundung entlang der Mittelnaht ab S bis zur Vorderkante abnähen. Den Besatz an einer Längsseite mit eingeschobener Stickereispitze verstürzen. Die offenen Längskanten einschlagen, das Kopfteil dazwischenlegen (G, H) und knappkantig zusammensteppen. Die untere Kante 0,5 cm nach außen umschlagen, entlang der Strecke ein paar kleine Fältchen legen und von rechts das Satinband (Bindeband) aufnähen. Die Strampelhose besteht aus den Schnitten 8, 9, 11 und 12. Das Oberteil wie beim Kleid anfertigen. Hals und Armausschnitt 0,5 cm einschlagen; dabei die Baumwollspitze von links anlegen und die Einschlagkante von rechts knappkantig absteppen. Die Seitennaht schließen. Die Hose zusammennähen (Seite: M, Q; Innennaht: O, P; Gesäß-/Leibnaht: R, O, N), dann am Oberteil mit eingelegter Spitze annähen. Zum Schluß die Hosenlänge einsäumen.

Mein Tip:

Wer mit dem Modellieren eines Gesichtes nicht zurecht kommt, kann auch eine Plastikmaske als Unterbau verwenden.

Schmuser „Knuddel“

Alle Schnitteile von 1–15 auf Transparentpapier abkopieren. Die Suchnummern mit Zuschnittangaben, die Markierungspunkte, die Fadenlaufpfeile, die Kräusel- und Bruchkanten kennzeichnen. Den Wollstoff in einfacher Lage auflegen und die Teile wie folgt aufzeichnen: 4 x Schnitt 1, 3 und 4; 2 x Schnitt 2 und 6; 1 x Schnitt 5 und 7. Die Teile 1, 3 und 4 mit 1 cm Nahtzugabe zuschneiden, alle anderen ohne. Den kegelartigen Körperzuschnitt paarweise aufeinanderlegen und an einer Seite zusammennähen. Jetzt die Teile auseinanderklappen und rechts auf rechts, Naht auf Naht legen und die Kanten zusammennähen; dabei an einer Seite zwischen A und B offen lassen. Die Nahtzugabe zurückschneiden und das Körperteil verstürzen; dabei mit etwas Fingerspitzengefühl den Kopf durch den Hals ziehen. Das Teil ausstopfen und die Öffnung schließen. Nun die Hände paarweise aufeinanderlegen und die Seiten sowie die Rundung verstürzen. Die Beine ebenfalls paarweise legen. Die vordere sowie die hintere Naht und die Fußrundung verstürzen. Bei allen Teilen die Nahtzugabe zurückschneiden. Die offenen Kanten einkräuseln, die Glieder ausstopfen, dann die Kanten zusammenziehen, dabei die Nahtzugabe nach innen legen, den Kräuselfaden verknoten und vernähen, dann am Körper befestigen. Achten Sie darauf, daß in der vorderen Mitte des Körpers keine Naht verläuft. Die Hände so annähen, daß die Daumen nach oben zeigen. Die Ohren an der Kopfseite, von der Gesichtsseite aus, anstaffieren; so erhalten Sie eine leicht zum Hinterkopf hingehende Lage. Die Nase, wie in Fig. 1 dargestellt, anfertigen, an der betreffenden Gesichtsstelle etwas flach drücken und ringsum annähen. Die aus rotem Filz zugeschnittenen Lippen, wie in Fig. 2 dargestellt, auf den Mund nähen, diesen in eine leicht geöffnete, aber lachende Stellung bringen, und unterhalb der Nase entlang der Bruchkante aufnähen. Die Augenlider an der geraden Seite leicht einhalten und in gebogener Stellung über der Nase anbringen. Die Augenteile, wie Schnitteil 9 zeigt, je 2 x ab äußerer Konturlinie wie folgt zuschneiden: schwarz, weiß, violett, schwarz. Die Wangen in Rosé ausschneiden. Alle Teile nacheinander aufkleben. Die Fellhaare längsseitig ausgemittelt um die Stirn legen, hinter den Ohren entlang zur hinteren Mitte führen, dann die Kante anstaffieren. Am Hinterkopf die Seiten ineinanderschieben, die obere einschlagen, so daß der Bruch in der Kopfmitte liegt, und diesen vom Hals bis halbe Hinterkopfhöhe anstaffieren. Jetzt am Kopfende Abnäher legen und zum Hinterkopf hin anstaffieren. Probieren Sie das so lange, bis Sie einen schön geform-

Größe: 52 cm

Material

Mantelstoff (nicht fransend): wollweiß, 45 cm/140 cm br.
Baumwollstoff: Hemd, 25 cm/140 cm br.; Hose, 35 cm/90 cm br.
Jersey: Schal, 50 x 30 cm
2 Knöpfe
Filz: schwarz, weinrot, violett, weiß, rosé
Langhaarfell: schwarz, 35 x 16 cm
Füllwatte: ca. 250 g
Nähgarn
Gummiband
Klettband

Alle Schnittvorlagen finden Sie auf der nächsten Doppelseite.

1 Körperteil – A, B
2 Ohr
3 Arm
4 Bein
5 Nase
6 Augenlid
7 Mund/Lippen
8 Wangenrot
9 Augenteile
10 Brille
11 Jacke/Vorderteil – C, E, F, K, G, D
12 Jacke/Rückenteil – C, D, H, K
13 Jacke/Ärmel – I, G, D, H, I
14 Halsbeleg/Rückenteil – C
15 Vorder-/Hinterhose – b, d, c, a

Fig. 1 *Den Nasenzuschnitt entlang der Kante einkräuseln, die Fadenenden leicht zusammenziehen, den Innenraum ausstopfen, dann fest zusammenziehen, verknoten und vernähen.*

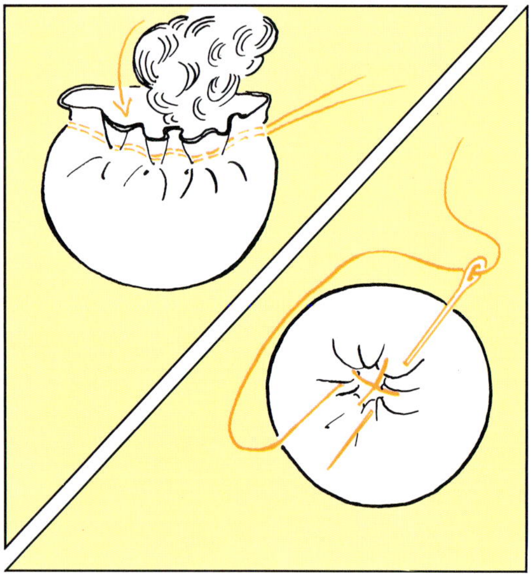

Fig. 2 *Die roten Filzlippen auf den weißen Filzmund legen und der Länge nach mittig aufnähen. Wiederum der Länge nach falten, die Bruchkante mit Punktstichen abnähen und gleichzeitig in Form bringen.*

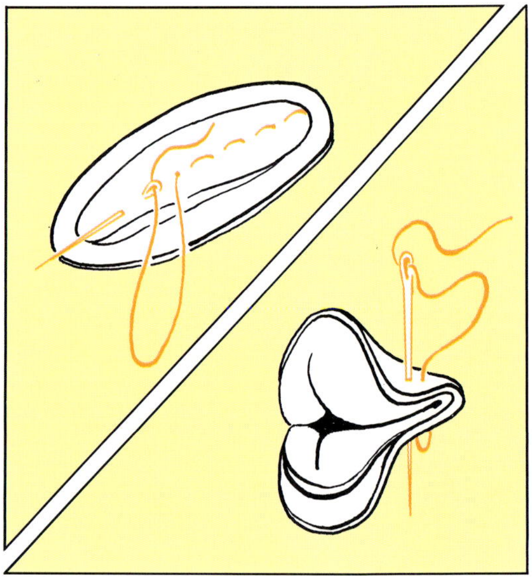

ten Hinterkopf erhalten, denn das eingelegte Fell dient gleichzeitig als Füllung. Zwei schmale Fellstreifen vor und entlang der Ohren anstaffieren.

Nun das Hemd anfertigen. Den Stoff doppelt legen und die Schnitteile 11, 12, 13 und 14 aufstecken, wobei 12 und 14 im Bruch liegen. Mit 1 cm Nahtzugabe zuschneiden. Alle Kanten versäubern.

Die Schulternähte schließen (C, D) und den hinteren Halsbeleg (14) an die vordere Belegkante (C) rechts auf rechts liegend nähen. Den geschlossenen Beleg rechts auf rechts an die Ausschnittkante stecken; dabei am Vorderteil entlang E und F einschlagen. Den Halsausschnitt verstürzen und die vordere Umbruchkante sowie die Halskante knappkantig absteppen; dabei am Vorderteil ein 0,5 cm breites Klettband als Verschluß mitannähen.

Den Ärmel rechts auf rechts an die Armausschnittkanten von Vorder- und Rückenteil stecken (G, D, H), an der Armkugel zwei kleine Fältchen legen und einnähen. In einem Arbeitsgang die Ärmel- und Seitennaht schließen. Die Hemd- und Ärmellänge einsäumen.

Zwei große Zierknöpfe am Obertritt annähen. Den grünen Stoff auf Bruch legen und die Hose mit 1 cm Nahtzugabe zuschneiden; dabei Schnitteil 15 2 x aufzeichnen und auch den separaten Taschenbeutelschnitt 2 x auflegen. Die Zuschnitteile paarweise aufeinanderlegen, die Seitennaht abnähen; dabei zwischen c und d offen lassen. Die Taschenbeutel einzeln an die Nahtzugabe von a bis b nähen und anschließend die Beutel schließen. Die innere Beinnaht abnähen, dann die Gesäß- und Leibnaht zusammennähen. Die Bundkante 2 cm einschlagen, knappkantig und nochmals im Abstand von 1,5 cm einen Tunnel steppen; dabei für den Gummieinzug eine Öffnung lassen. Die Hosenlänge 1 cm einschlagen und 2 x absteppen.

Den Schal an den Enden im Abstand von 4 mm 5 cm einschneiden. Die Brille aus Tonkarton oder Plastikmaterial ausschneiden.

Variation:

Sie können auch Bastelfilz verwenden. Allerdings sollten dann die Schnitteile 2, 6 sowie 7 doppelt zugeschnitten und verstürzt werden, um das Volumen eines Mantelstoffes zu erhalten.

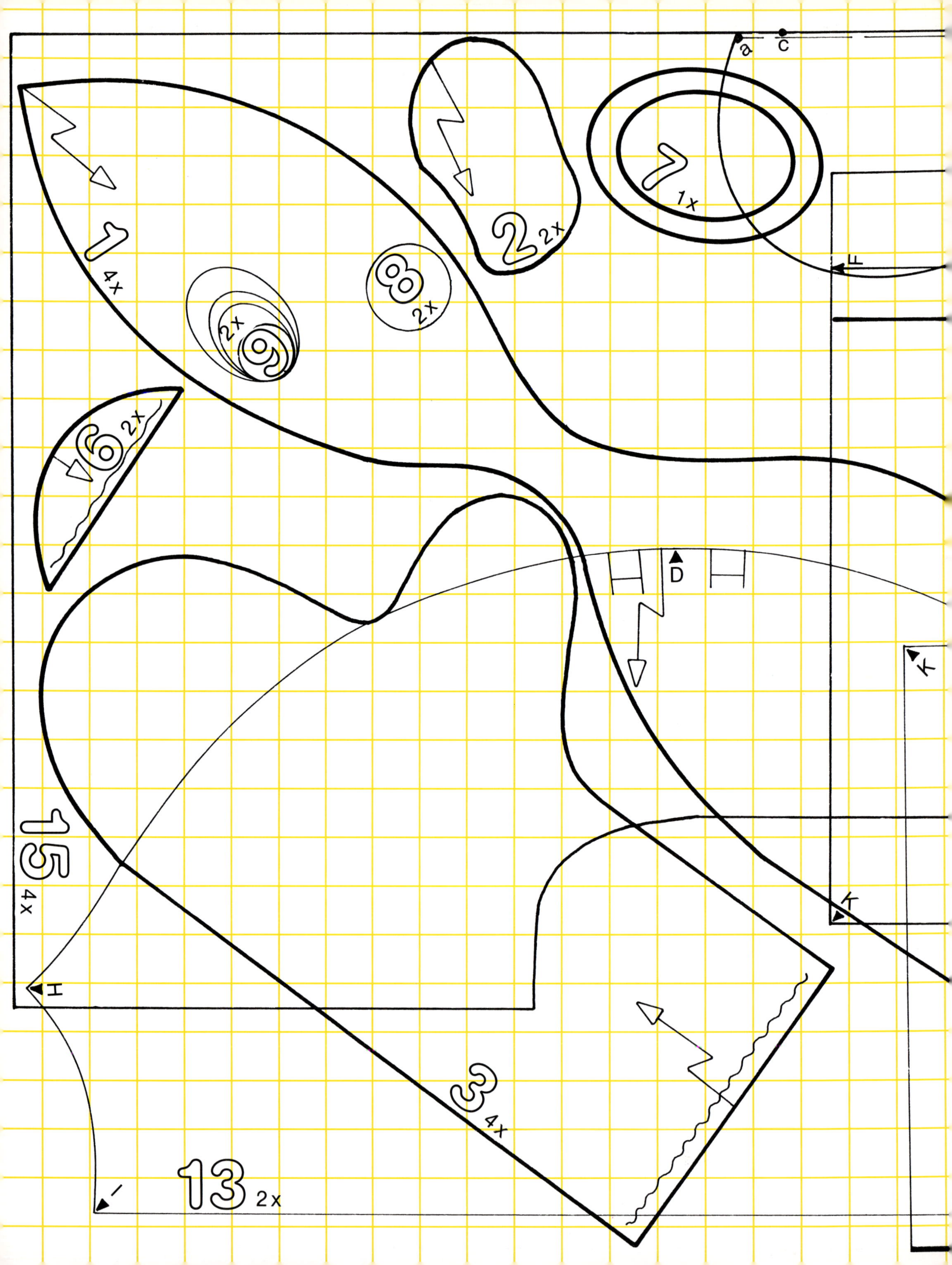

a
c
7
1x
1
4x
2
2x
8
2x
9
2x
6
2x
D
F
K
K
15
4x
H
3
4x
13
2x
I

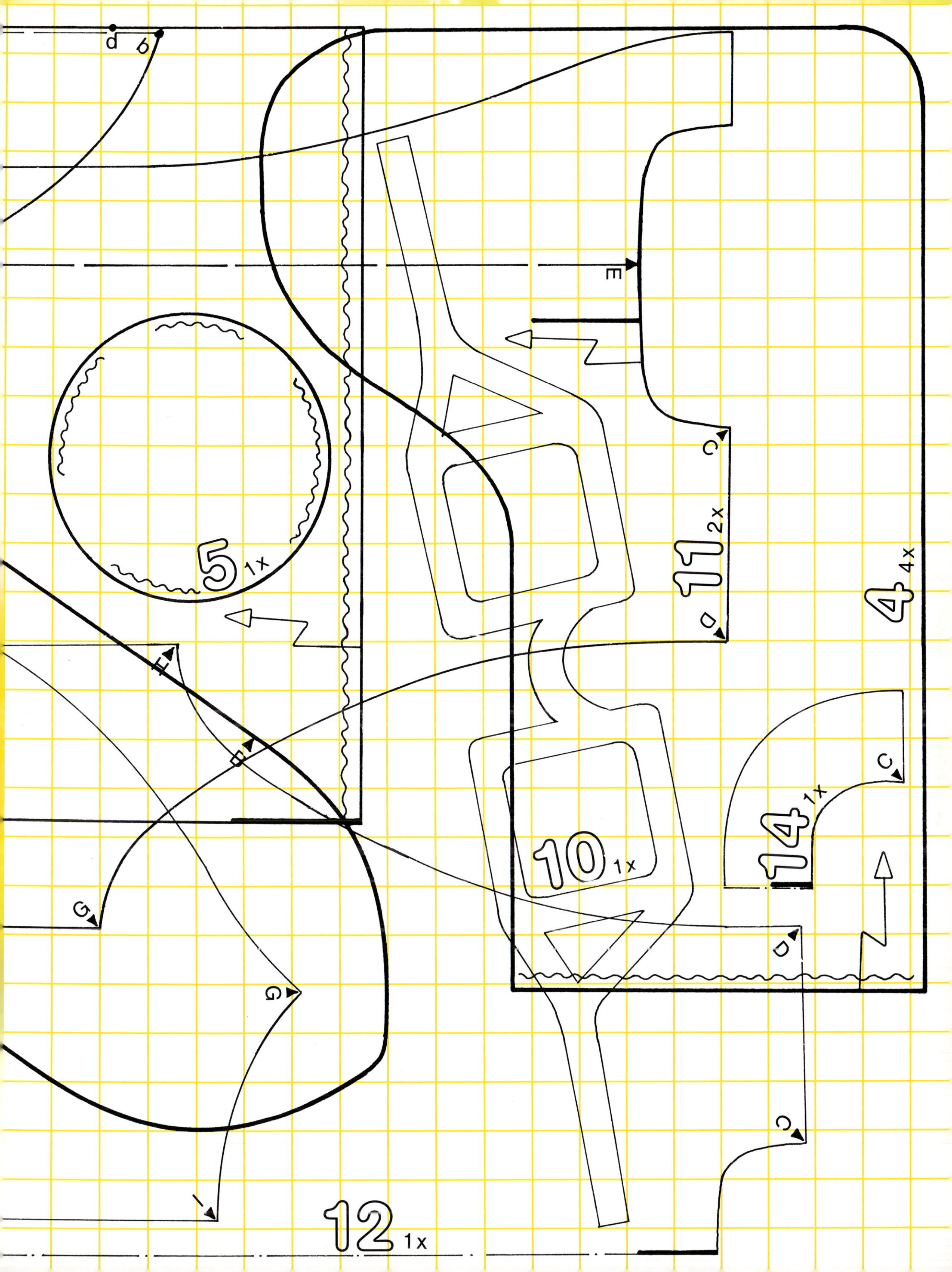

5 1x
11 2x
4 4x
10 1x
14 1x
12 1x
E
G
G
C
C
C
D
D

Lustige Fantasie-gestalten

Seht her, was fliegt denn da auf dem Besen?
Könnt ihr's erkennen, sonst müßt ihr's nachlesen!
Wer tanzt denn auf dem Gitter da,
ist schwarz und hat vier Flügel dran?
Zwei lange Gestalten, sie kriechen umher,
sind lästig zwar draußen, doch hier nun nicht mehr.
Der in der Tüte blau und pink,
er bringt viel Spaß und verzaubert sich flink.
Die alle hier sind nachzumachen,
fangt an, es gibt dann viel zu lachen.

„Stupsi und Struppi“

Material Raupe Stupsi
Nickystoff: rosé, 20 cm/140 cm br.
Füllwatte: ca. 150 g
Filz: weiß, rosé, grau, schwarz
5 Federn: rot

Material Raupe Struppi
Nickystoff: rot, 10 cm/140 cm br.
Füllwatte: ca. 150 g
Filz: violett, rosé, schwarz
Nähgarn
8 Federn: rot

Alle Schnittvorlagen finden Sie auf der nächsten Doppelseite.

Raupe Stupsi (rosé)
1–5 Körperglieder
6 Bein
7 Auge
8 Maul
9 Zunge
10 Fühler

Raupe Struppi (rot)
11a Vorderes Körperteil – A, b, a
11b Hinteres Körperteil – a, b
12 Auge
13 Maul
14 Zunge
15 Fühler – A

Von der rosa Raupe, der Stupsi, alle Schnittvorlagen von 1–10 abkopieren.
Die Suchnummern der Körperglieder sind später gleichzeitig die Reihenfolge des Körperaufbaus.
Den rosafarbenen Nickystoff auflegen und die Schnitteile laut Zuschnittangaben auflegen, aufzeichnen, dann mit 1 cm Nahtzugabe zuschneiden. Achten Sie darauf, daß die Körperteile in gleicher Richtung liegen; ob längs oder quer – das ist egal. Wie in Fig. 1 dargestellt, die Teile größenmäßig sortieren und paarweise rechts auf rechts legen, eine Seite zusammennähen, dann wiederum der Größe entsprechend diese Teile Naht auf Naht zusammenlegen und verstürzen; dabei an einer Seite eine ca. 3-cm-Öffnung lassen.
Alle Körperglieder ausstopfen und die Öffnung mit Staffierstichen schließen.
Die Beine der Stupsi entlang der Kante mit einem Kräuselfaden versehen (siehe Fig. 2) und leicht zusammenziehen. Mit Füllwatte ausstopfen, dann die Nahtzugabe nach innen legen und die Bruchkanten mit Staffierstichen der Länge nach zusammennähen. Sie erhalten eine ca. 4 cm lange Naht.
Nun die Körperglieder aneinandernähen; bei den Schnitteilen 1–5 die Größenanordnung beachten.
Legen Sie alle Teile hintereinander so auf den Tisch, daß sich jeweils eine Naht oben, eine unten, eine vorn und eine hinten befindet. Von oberer Nahtlinie zur unteren Nahtlinie senkrecht 2,5 cm über die Eckpunkte zusammennähen. Das hat den Vorteil, daß die Raupe immer ihre Form behält, d. h. Beine unten – Federn oben.
Nun die Beine von der unteren Nahtlinie ausgehend im Abstand von 3 cm in die Mitte der einzelnen Glieder annähen. Der Abstand vom rechten zum linken Bein beträgt 6 cm.
Die Augen paarweise verstürzen, ausstopfen und die Augenkreise aus Filz nacheinander aufkleben (Reihenfolge: weiß, rosé, grau, schwarz), dann am Kopf im Abstand von ca. 3 cm befestigen.
Die Fühler der Länge nach verstürzen, einen Knoten an einem Ende anbringen, ausstopfen und das andere Ende zwischen den Augen befestigen.
Den Mund verstürzen, ausstopfen, querseitig die Mitte abnähen, dabei das Zungenstück mitnähen und am Kopf auf dem vorderen Eckpunkt befestigen.
Zum Schluß noch die Federn zwischen den Gliedern einstekken und festkleben.

* * *

Beim Struppi alle Schnitteile von 11a–15 abkopieren und die Schnitteile 11a und 11b entlang der gepunkteten Linie a/b zusammensetzen. Alle Teile, bis auf 12 und 14, zuschneiden. Dieser Raupenkörper besteht aus einem ganzen Körperteil, dessen Glieder durch achtmaliges Abbinden entstehen (siehe Fig. 3). Am besten den Körper

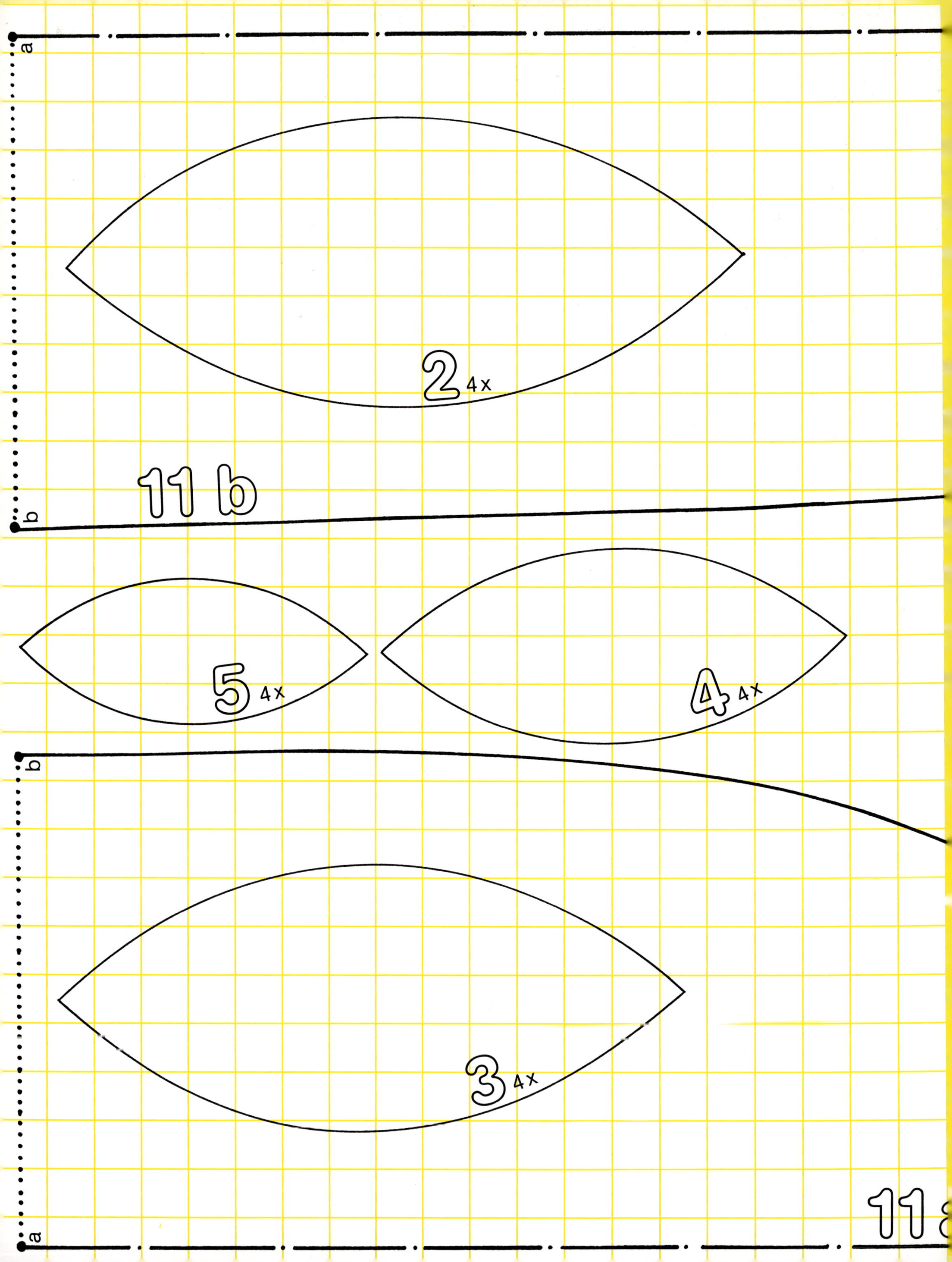
a
b
2 4x
11 b
b
5 4x
4 4x
b
3 4x
a
11

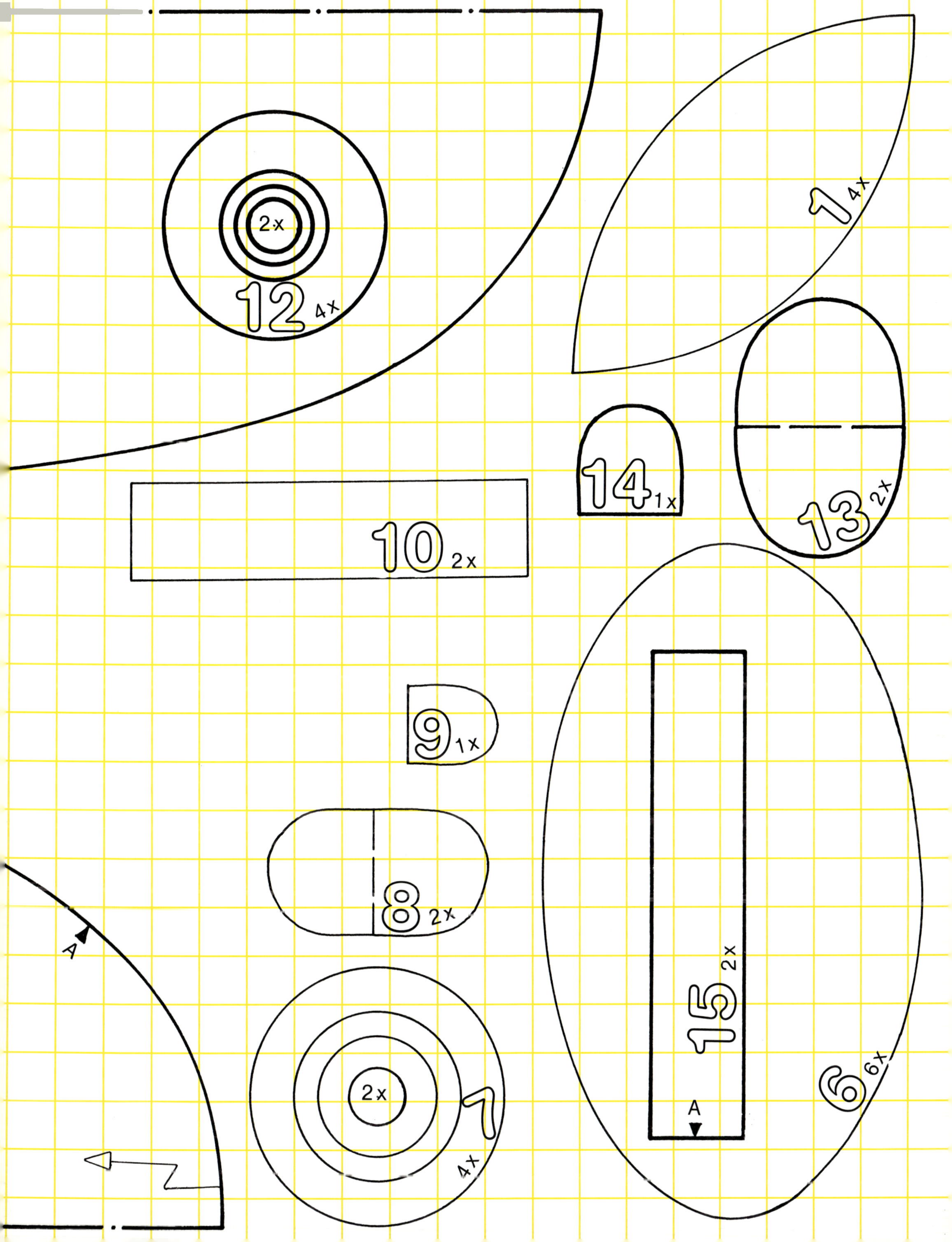
2x
12 4x
1 4x
14 1x
13 2x
10 2x
9 1x
8 2x
A
15 2x
A
6 6x
2x
7 4x

__Fig. 1 Stupsi:__ Die Körperglieder der Größe nach sortiert paarweise an einer Seite zusammennähen. Diese Teile auseinanderklappen und wiederum paarweise sortiert Naht auf Naht liegend zusammennähen; dabei 3 cm zum Verstürzen offen lassen.

__Fig. 2 Stupsi:__ Den Beinzuschnitt entlang der Kanten abnähen und leicht zusammenziehen. Mit Füllwatte ausstopfen, die Nahtzugabe einschlagen und längsseitig mit Staffierstichen zusammennähen. Die Naht hat eine Länge von ungefähr 4 cm.

__Fig. 3 Struppi:__ Die Körperteile zusammennähen, in 8 Glieder einteilen, an diesen Markierungen einen Kräuselfaden von Hand einziehen, dann am Kopf beginnend bis zur Fadengrenze ausstopfen, den Kräuselfaden zusammenziehen, verknoten und vernähen. Zum Schluß die Federn vorsichtig in den Stoff einstecken und festkleben.

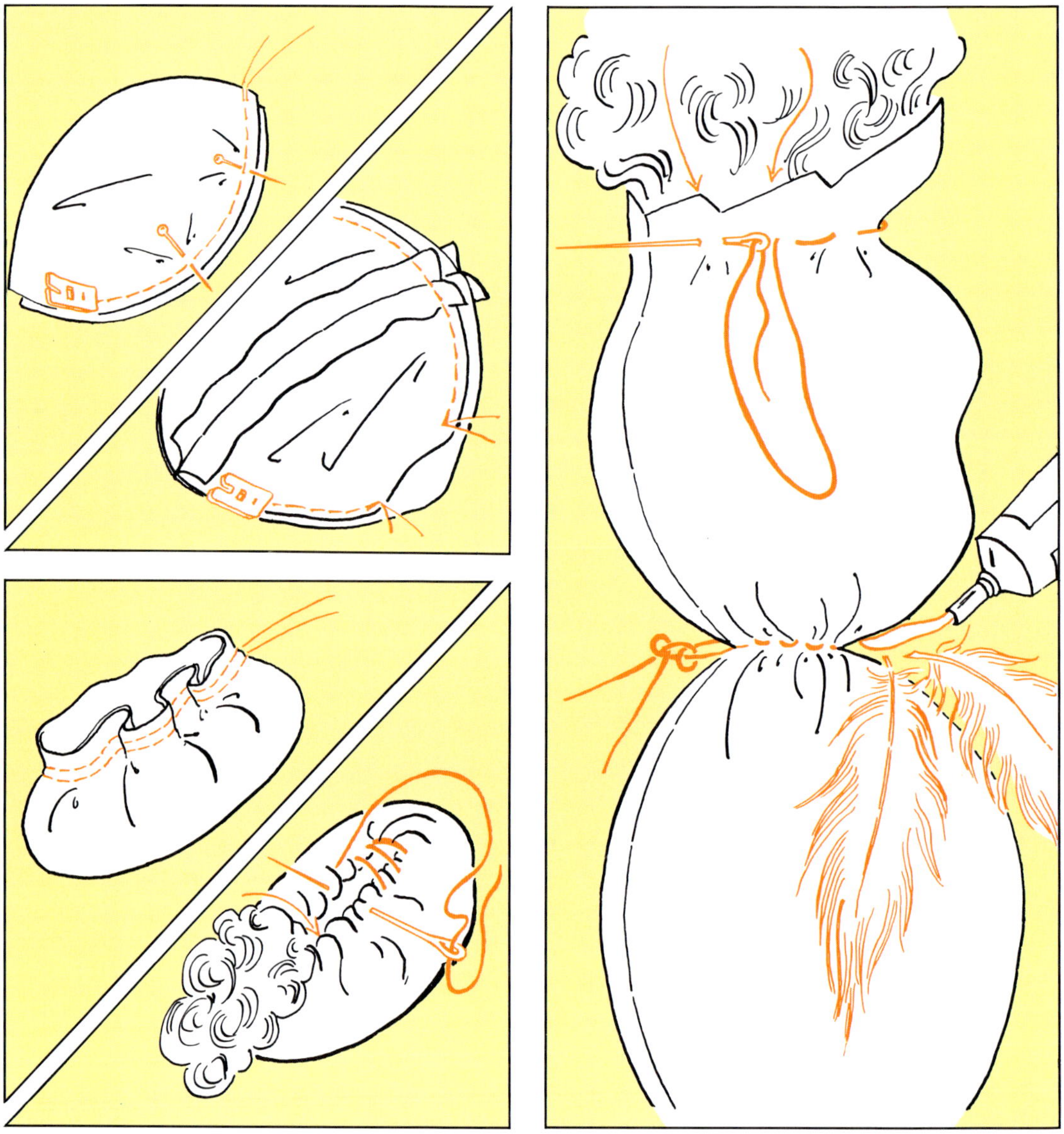

vor dem Zusammennähen einteilen, an diesen Stellen mit einem Kräuselfaden versehen (Knopflochgarn); dabei die Endfäden auf der rechten Stoffseite liegen lassen. Sie können aber auch die Arbeitsweise von Fig. 3 übernehmen. Das Körperteil der Länge nach in Bruch legen und verstürzen; allerdings in der Mitte eines Gliedes eine Öffnung lassen. Den Kopf ausstopfen, das Kräuselgarn zusammenziehen, verknoten und vernähen. Das nächste Glied ebenso handhaben. Achten Sie darauf, daß das Glied mit der Stopföffnung das letzte bleibt! Die Öffnung mit Staffierstichen schließen. Augen, Mund und Fühler wie bei Stupsi anfertigen. Die Augenringe in der Reihenfolge violett, rosé, schwarz anbringen. Die Federn einstecken (am Kopf zwei) und festkleben.

Mein Tip:

Ein alter, ausgedienter Schlafanzug ist der ideale Raupenstoff.

„Verschwindibus“

Alle Schnitteile 1–8 abkopieren. Die Markierungspunkte und Zuschnittangaben anzeichnen. Zuerst die Rolle, das Zuhause von „Verschwindibus“, anfertigen. Den Tonkarton auflegen und die Maße für die Rolle 29,5 x 66 cm abtragen. Schnitteil 1, den Boden, auflegen und beide Kreise aufzeichnen (mit einem Zirkel geht's leichter). Das Schnitteil 3, den Hut, ebenfalls auf dem Karton aufzeichnen, diesen dann zuschneiden. Am Boden, wie in der Schnittvorgabe dargestellt, ringsum, bis zum inneren Kreis, Kerben einzeichnen, d. h. die gestrichelten Felder herausschneiden. Die Kanten nach oben knikken und in die Rolle, wie in Fig. 1 dargestellt, einkleben. Als nächstes das Futter, Schnittvorgabe A, zuschneiden und die Punkte a/b und c/d kennzeichnen. Die Strecke c/d einsäumen. Die Robe (das Kleid) ebenfalls zuschneiden; siehe hierzu Schnittvorgabe B. Entlang der Strecke a/b einkräuseln, die Strecke e/f einsäumen und beide Teile, wie auf der Vorlage dargestellt, auflegen: die rechte Stoffseite des Futters ist oben, die der Robe unten. Die Kräuselkante liegt rechts vor Ihnen. Nun das Stoffteil auf die Strecke a/b des Futterteils einkräuseln und aufnähen. Die Naht beginnt 1 cm hinter der Schnittkante und hört 1 cm davor auf. Den Stoff jetzt rechts auf rechts zusammenlegen, so daß a auf b, e auf f trifft, und abnähen. Anschließend das Futter rechts auf rechts legen, so daß a auf b, d auf c liegt, und diese Strecke abnähen. Danach die restliche, noch offene Futterstrecke ebenfalls rechts auf rechts zusammennähen. Das Stoffteil nun links auf links hälftig legen (siehe Schnittvorgabenstrecke g/h) und einen Kräuselfaden 1 cm unter der Bruchkante von Hand einziehen.
Die unversäuberte Futterkante mit der linken Seite so weit wie möglich in die Pappröhre einkleben; dabei nur die untere Futterkante einkleben.
Am besten den Klebstoff in der Rolle anbringen und den Stoff einschieben. Nun die eingesäumte Futterkante über die Papprolle stülpen und den Stock mit dem Kopf, wie in Fig. 3 gezeigt, anfertigen.
Das Stockende von oben durch die Papprolle und das Bodenführungsloch stoßen, dann das Futter am Pappboden um den Stock zusammenbinden.
Die mit Kräuselfaden versehene Bruchkante der Robe am Hals des Kopfes zusammenziehen, verknoten und vernähen.
Die Figur erstmals ausrichten, Vorder- und Rückseite bestimmen und die knappkantig zusammengesteppten Hände 12 cm von der eingesäumten

***Größe:* 29 cm**

Material
Tonkarton: blau, 52 x 66 cm
1 Pappmachékugel: Ø 6–7 cm
Stoffreste: Jersey, weiß, 25 x 25 cm; Polyester, blau, 48 x 52 cm; Futter, goldton, 34 x 84 cm
Satinband: 45 cm/2,4 cm br.
Langhaarfell: rosé, 24 x 10 cm
Filz: violett, rosé, weiß, gelb
1 Bambusstock: Ø 0,7 mm, 60 cm
Klebstoff
Nähgarn
Knopflochgarn

Alle Schnittvorlagen finden Sie auf der nächsten Doppelseite.

1 Papprollenboden
2 Haare – B, C
3 Hut – A, A
4 Nase
5 Auge und Pupille
6 Mund
7 Hand
8 Zauberstab

Schnittvorgabe
A Papprollenüberzug – a, b, c, d
B Robe – a, b, g, h, e, f

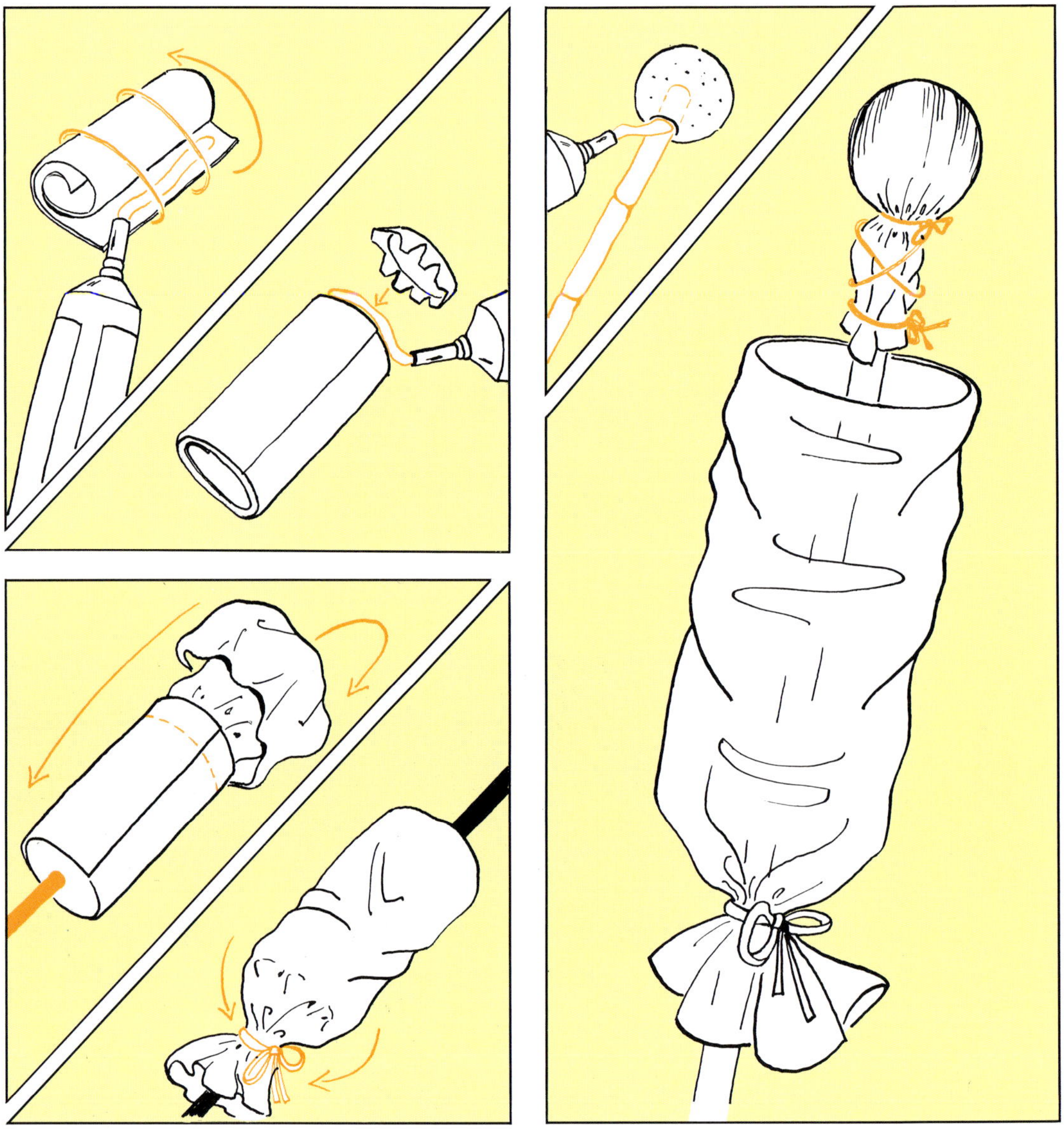

Fig. 1 *Das zugeschnittene, 29,5 x 66 cm große Tonpapier auf 10 cm Durchmesser einrollen (innere Kante messen) und festkleben; mit Schnüren oder Gummibändern zusammenhalten. Die Kanten des Bodens einknicken, in der Mitte ein Loch mit ca. 1,5 cm Durchmesser einarbeiten und den Boden in die Papprolle einkleben.*

Fig. 2 *Die Rolle entlang der gestrichelten Linie gut fixieren. Das Futter so weit wie möglich in die Rolle einlegen und mit der Kante ankleben. Den Stock einschieben, das versäuberte Futterende über die Papprolle stülpen und unten am Stock zusammenbinden. Normalerweise ist bei diesem Arbeitsgang die Robe bereits am Futter angenäht, aber des besseren Überblickes wegen auf der Zeichnung weggelassen.*

Fig. 3 *Den Stock in die bis zur Mitte vorgebohrte Styroporkugel einschieben, mit Klebstoff fixieren, den weißen Jersey darüberziehen und erstmals am Stock zusammenbinden, dann den übrigen Stoff hochschlagen, den Stock 2–3 cm mit Klebstoff einstreichen und, wie auf der Zeichnung dargestellt, den Stoff drumherum drapieren.*

Robenkante im Abstand von 10 cm anheften.
Von der linken Stoffseite je Hand einen Abnäher mit zwei spitzen Enden stecken und die Hände miteinnähen.
Die Filzaugen und den Mund aufkleben. Die Nase entlang der Kante einkräuseln, verknoten und zum Gesicht kleben. Die Haare mit Schnitteil 2 in Strichrichtung zuschneiden, von vorn nach hinten führend aufkleben, am Hinterkopf Abnäher legen und auch diese festkleben. Den Hutzuschnitt aus Pappkarton einrollen, beginnend bei A auf A fixieren, an der Spitze einen Haarfellstreifen einschieben, den Hut eventuell mit Paillettenfiguren verzieren und schließlich auf den Haaren ankleben.
Den Zauberstabzuschnitt (gelber Filz) auf einer Seite komplett mit Klebstoff versehen, der Länge nach über ein 4 cm langes Zahnstocherstück wickeln und mit dem Zahnstocherende an einer Hand festkleben. Als letztes Schmuckstück das Satinband um den Hals von „Verschwindibus“ legen und eine flotte Schleife binden.

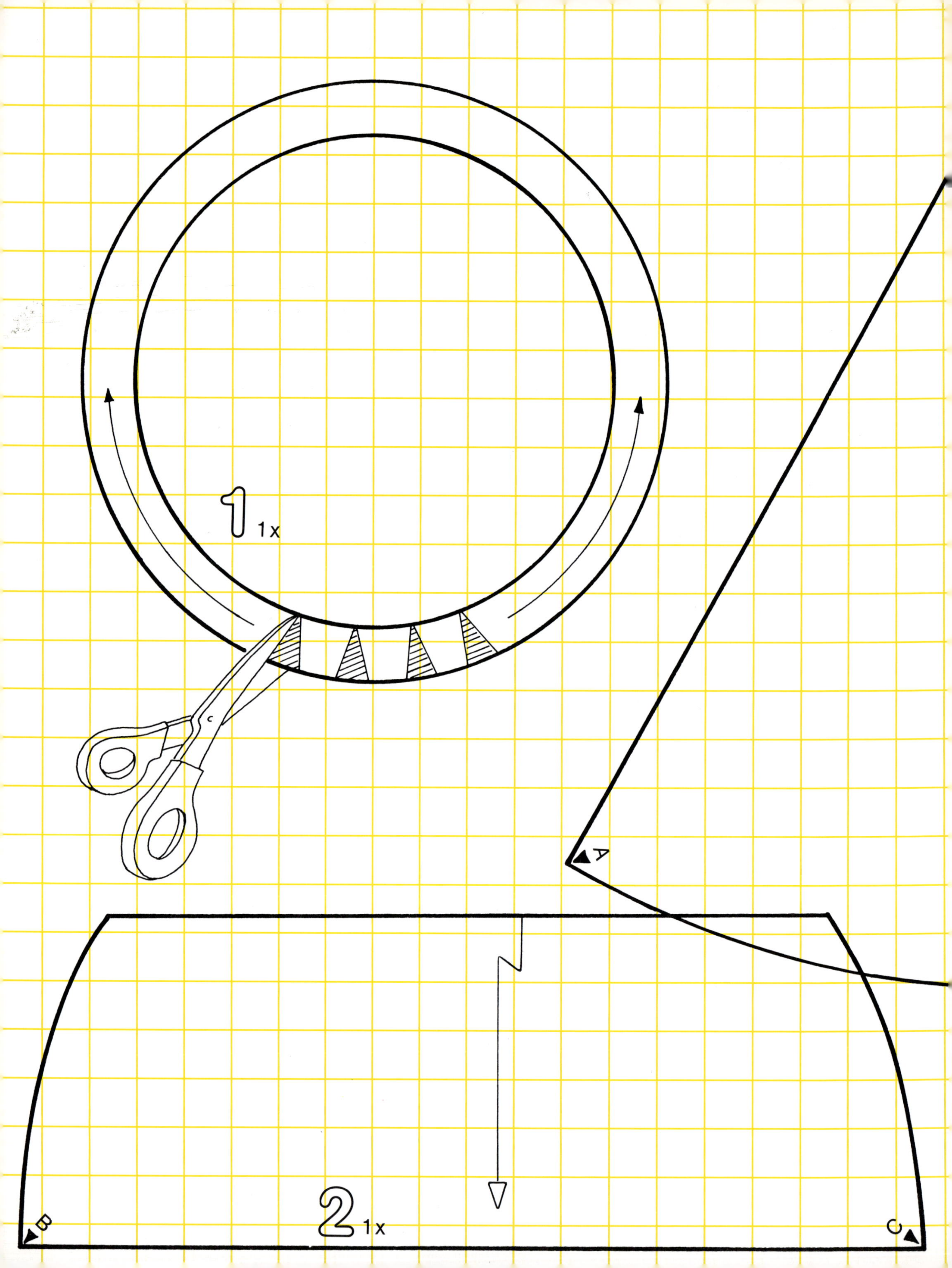
1 1x
A
B
2 1x
C

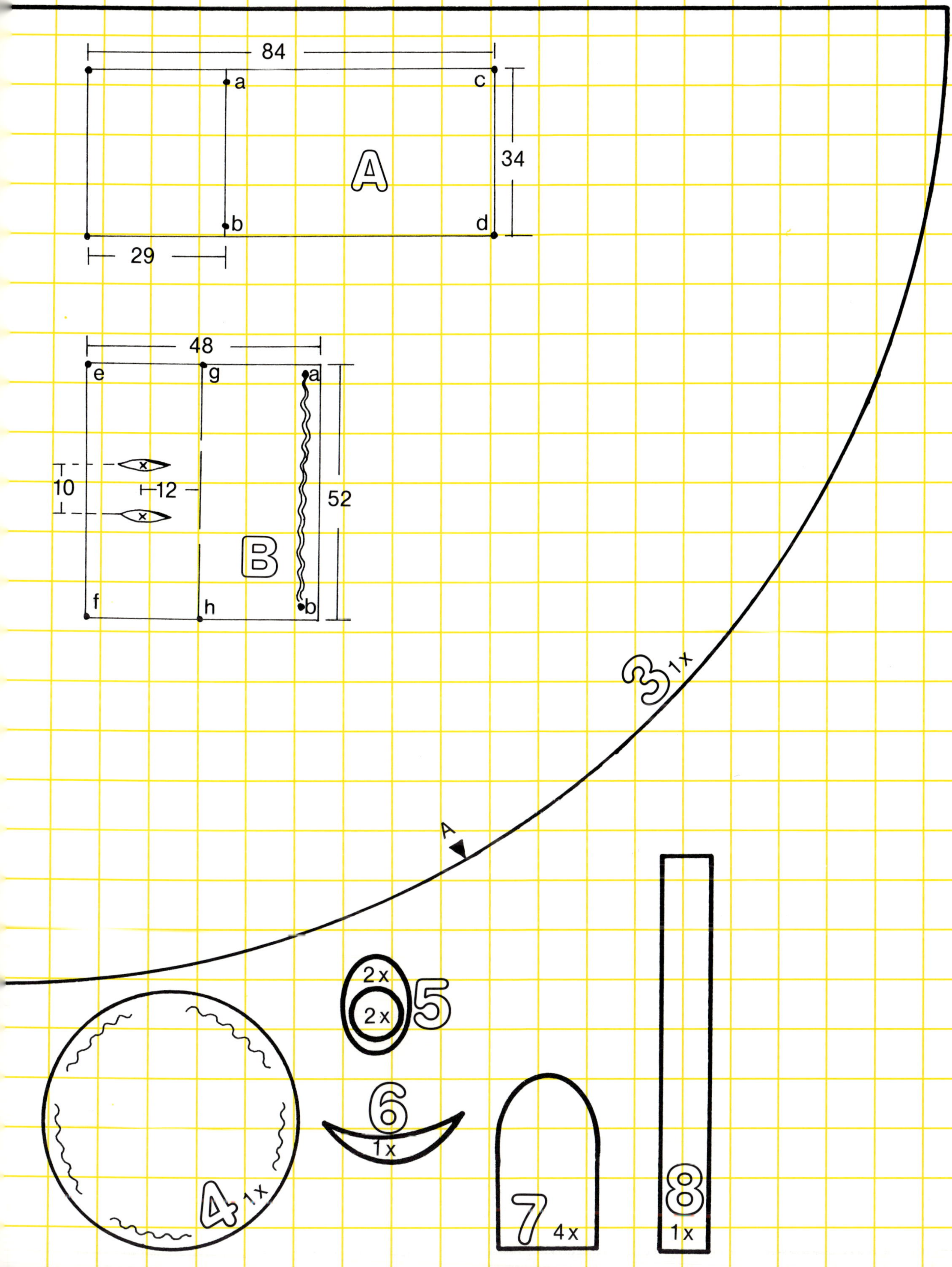

84
a
c
A
34
b
d
29
48
e
g
a
10
12
52
B
f
h
b
3 1x
A
2x
2x
5
6
1x
4 1x
7 4x
8 1x

Hexe „Fliegender Besen“

Größe: 40 cm

Material
Sisalgeflecht mit Draht: ca. 1,60 m
1 Styroporkugel: Ø 8 cm
1 Nylonstrumpf
Hemd-/Hosenstoff: weiß, 30 cm/90 cm br.
Baumwollspitze: 34 cm/2,5 cm br.
Futter: weiß, 64 x 14 cm
Tüll: weiß, 90 cm/140 cm br.
Rockpasse: kariert, 50 x 10 cm
Rockteil: geblümt, 90 x 14 cm
Jersey: rot, 14 x 18 cm
Langhaarfell: 35 x 5 cm
Filz: grün, beige
Hanf

Alle Schnittvorlagen finden Sie auf der nächsten Doppelseite.

1 Bluse/Vorderteil – A, a, B, C, b, D, E
2 Bluse/Rückenteil – D, E, A, a, B, C, b
3 Vorder-/Hinterhose – h, g, K, g, I, H, F
4 Strumpf
5 Pantoffelsohle
6 Pantoffelrist

Bastelhilfe
A Körperunterbau

Schnittvorgabe
B Unterrock/Passe
C Unterrock/Tüll – c, d
D Oberrock/Passe – e, f
E Oberrock/Rockteil – e, f

Die Schnitteile 1–6, inklusive Paßpunkte, abkopieren. Den Körperunterbau, wie Bastelhilfe A zeigt, in Form legen und, wie in Fig. 1 dargestellt, zusammenbinden. Den Halsanfang mit Klebstreifen umwickeln und zu einer Spitze formen. In der Styroporkugel ein Loch vorbohren (3–3,5 cm tief) und den Kopf auf die Halsspitze setzen. Mit einem Nylonstrumpf den Kopf, wie in Fig. 2 dargestellt, überziehen, dann am Hals zusammenbinden, verknoten und das noch lose Strumpfmaterial am Oberkörper festbinden. Für die Nase einen 4 x 4 cm großen Filzrest hälftig legen, kegelförmig abnähen, verstürzen und ausstopfen. Die Augen aus weißem Stoff 2 x mit Ø 1,5 cm, schwarzem Stoff 2 x mit Ø 9 mm ausschneiden und aufkleben. Den weißen Stoff auf Bruch legen und Hemd sowie Hose mit 0,5 cm Nahtzugabe zuschneiden. Wer eine Baumwollspitze an Arm und Beine annähen will, grenzt den Schnitt entlang den Linien a/b und g/h ab. Die Schulternähte von Schnitt 1 und 2 schließen (B/a bis A). Die Ärmelkante 0,5 cm einschlagen, die Baumwollspitze unterschieben und mitansteppen. Die Ärmelnaht (C/b bis D) und die Seitennaht (D bis E) in einem Arbeitsgang schließen; dabei in die Ecke von D einschneiden. Die vorderen Kanten 0,5 cm einschlagen und absteppen. Am Hals ebenfalls 0,5 cm einschlagen und einen Kräuselfaden einziehen. Die Hosenzuschnitte an der Seite von F bis G, die mit Spitzenansatz von F bis h, zusammennähen. Die Beinlänge 0,5 cm einlegen, die Spitze unterlegen und mitansteppen. Die innere Beinnaht (I bis g/K) schließen. Die Gesäß- und Leibnaht (H über I bis H) ebenfalls zusammennähen, die Bundkante 0,5 cm einschlagen und einen Kräuselfaden einziehen. Zuerst das Hemd anziehen und die Kräuselfäden am Hals verknoten. Jetzt die Hose anziehen und auch hier die Kräuselfäden in Taillenhöhe verknoten. Die Strümpfe (Schnitteil 4) aus rotem Jersey mit 0,5 cm Nahtzugabe zuschneiden, hälftig legen und verstürzen. Mit der Naht zur Rückseite hin über die Beine ziehen. Für den Unterrock zuerst das Futter (Schnittvorgabe B), dann den Tüll (Schnittvorgabe C) zuschneiden. Das Futter zu einem Ring schließen, eine Kante 0,5 cm einschlagen und mit einem Kräuselfaden versehen. Den Tüll 6fach übereinanderliegend an einer Seite einkräuseln (2 x absteppen) und an den Futterring nähen; dabei die seitlichen Tüllkanten am Ende übereinanderlegen. Den Petticoat anziehen und die Kräuselfäden des Futters um die Taille herum verknoten. Die Rockpasse aus dem karierten Stoff (Schnittvorgabe D) und das Rockteil aus dem geblümten Stoff (Schnittvorgabe E) zuschneiden. Die Passe an einer Längsseite 2 cm einschlagen und einen Tunnel nähen. Das Rockteil an einer Längsseite einkräuseln und an die unversäuberte Passenkante nähen. Den Rock zu einem Ring schließen; dabei den Tunnel nicht zunähen. Ein Schleifenband einziehen und das Rockteil über dem Petticoat drapieren. Jetzt noch das Fellstück von hinten, ausgemittelt am Hals an-

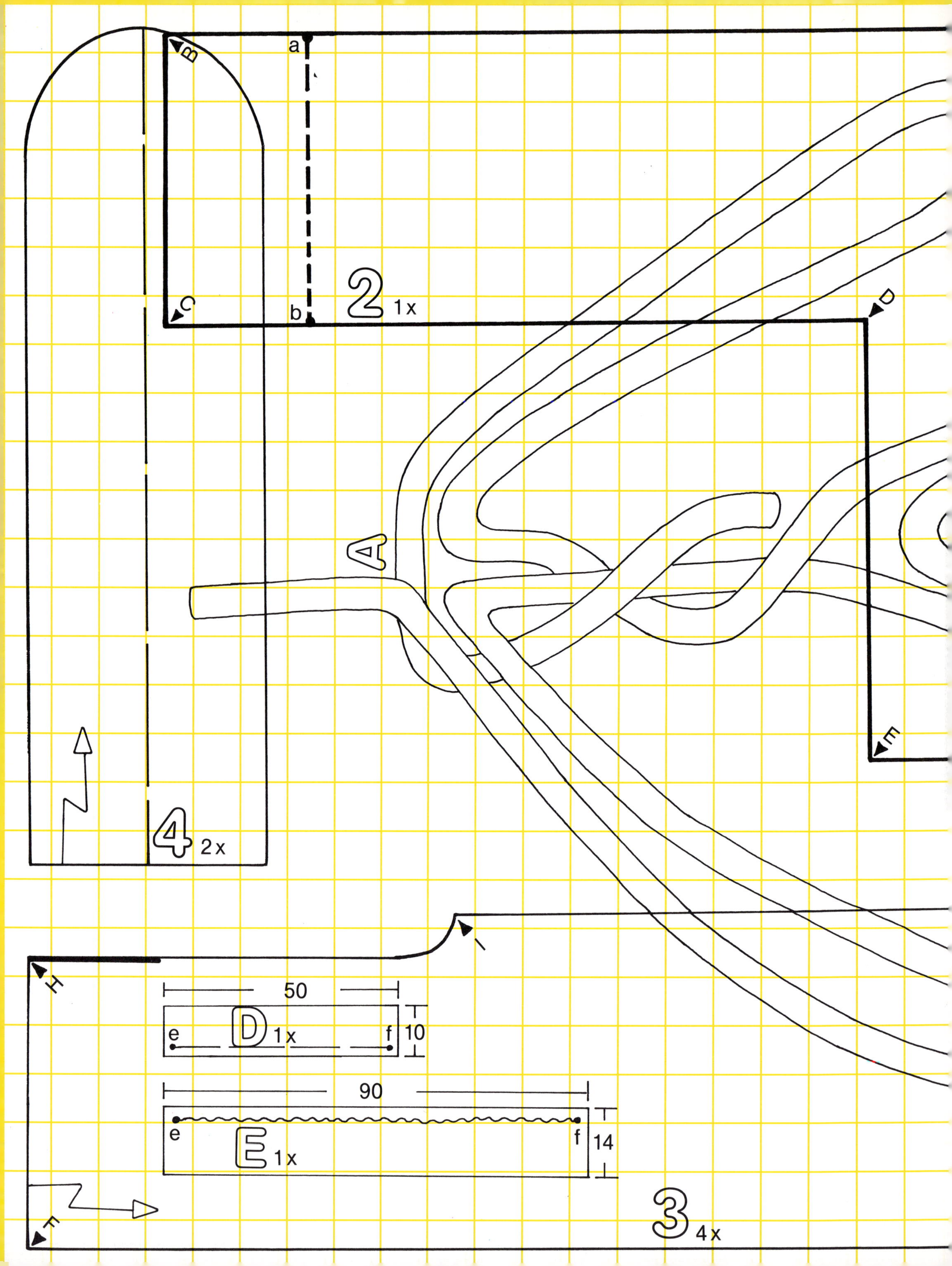

a
b
2 1x
A
4 2x
50
D 1x
e
f
10
90
E 1x
e
f
14
3 4x

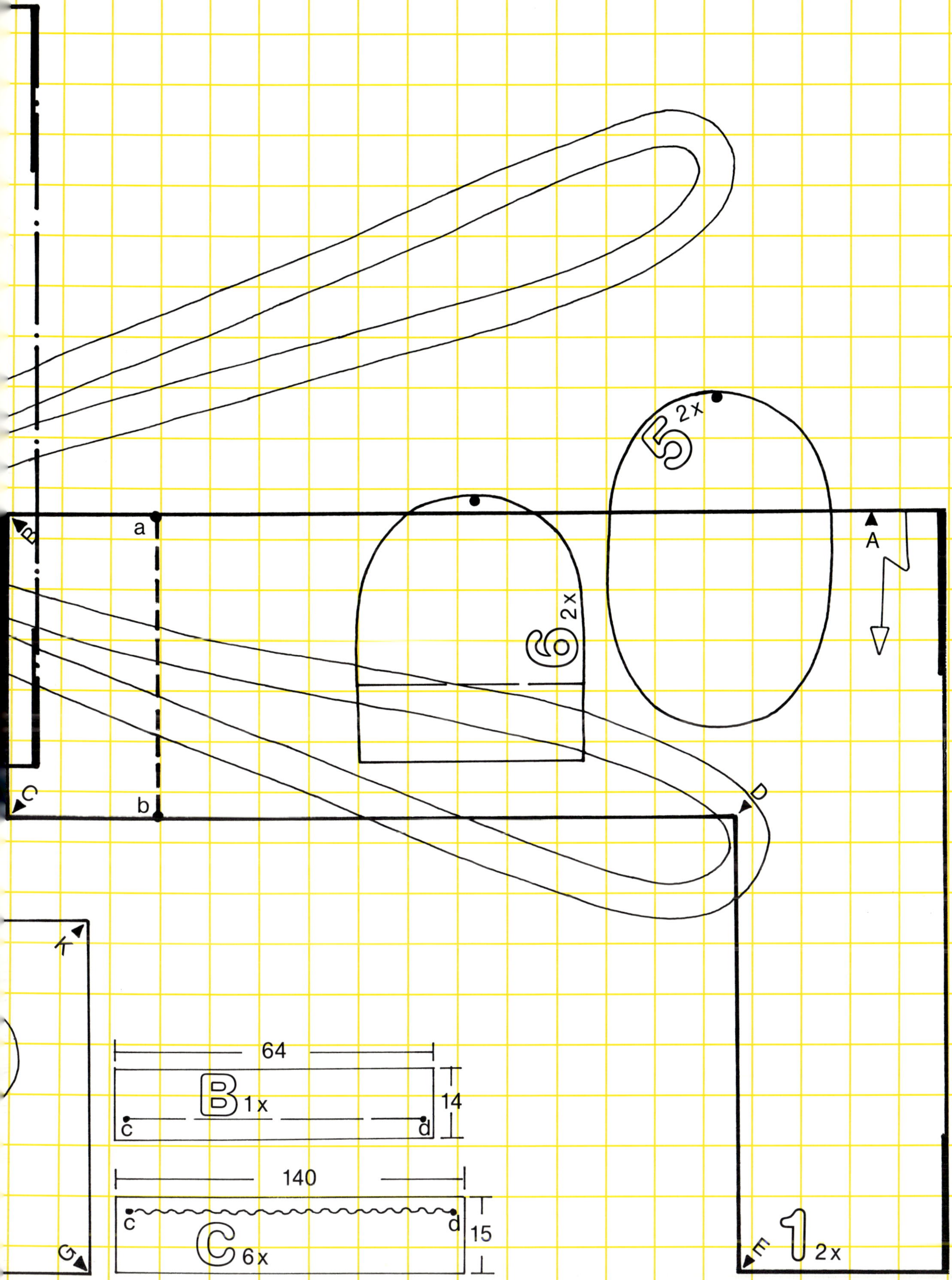

B
a
b
C
D
A
6 2x
5 2x
K
G
64
B 1x
14
c
d
140
c
d
C 6x
15
E
1 2x

Fig. 1 Zuerst den Körperunterbau mit dem Sisalgeflecht in Form bringen und Arme, Beine, Schulter und Hüfte zusammenbinden. Den Halsanfang mit Klebstreifen umwickeln und zu einer Spitze formen. Ein Loch in die Kopfkugel bohren und die Halsspitze einschieben. Die Glieder in sich etwas verdrehen; so halten sie besser.

Fig. 2 Die Styroporkugel mit dem Strumpf überziehen, am Halsende zusammenbinden, verknoten und das restliche Sturmpfmaterial um den Oberkörper drapieren; dort festbinden. Die kegelförmige Nase aufkleben.

Fig. 3 Ein Büschel Hanfhaare auf 12 cm ausbreiten und 2 x mit 0,5 cm Abstand zusammennähen. Ein paar Haare nach vorn legen und zu einem Pony schneiden.

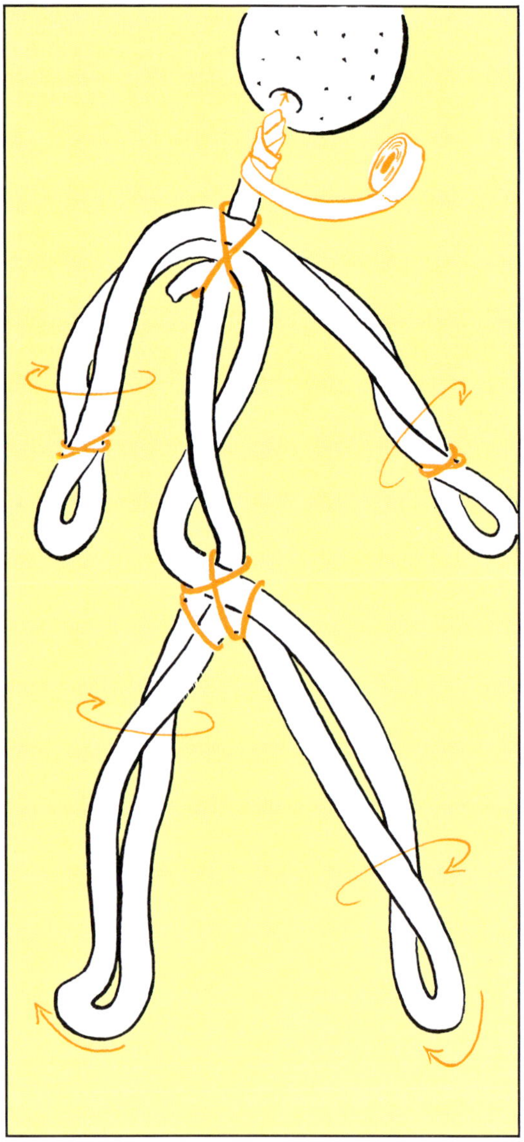

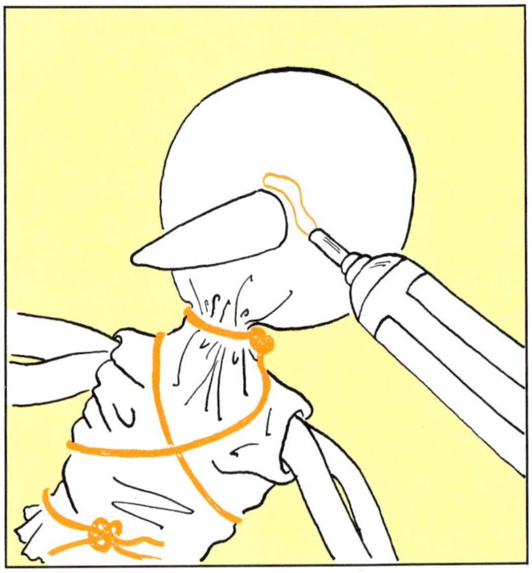

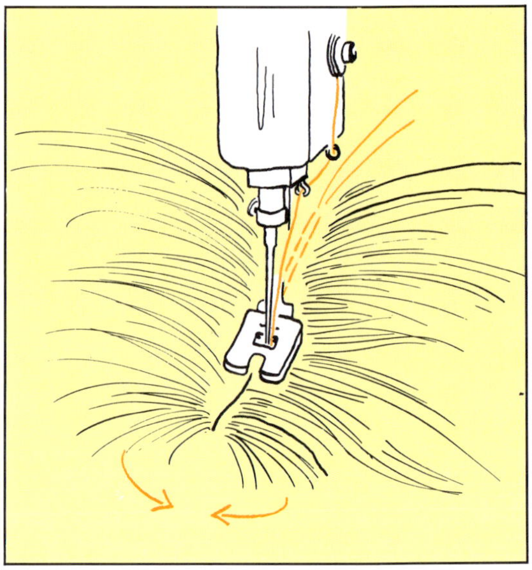

legen, nach vorn führen, über der Brust kreuzen, an der Taille wieder nach hinten legen und dort zusammennähen. Die Hanfperücke, wie in Fig. 3 dargestellt, anfertigen. Die Perücke am Kopf ausmitteln und ankleben. Die seitlichen Haare zu Zöpfen flechten und mit einem Spitzenrest als Kopfstola oder Schal bändigen. Den Besen aus drei 26 cm langen Zweigen sowie 30 cm langem Geäst anfertigen; dabei das Geäst an einem Ende um die Zweige drapieren und fest zusammenbinden.
Nun die Hexe auf den Besen setzen, hinter ihr einen langen Faden um den Besenstiel legen, beide Fadenenden durch Unterrock und Passenteil nähen. Dann den vorderen Besenstiel in die Handöffnungen legen. Die Figur am Faden haltend auspendeln lassen und durch Verrücken des Fadens am Besenstiel den Flugstil korrigieren.
Die Pantoffelformen aufeinanderlegen (6 auf 5), den Rist umschlagen, knappkantig die Außenkante absteppen und an die Füße von „Fliegendem Besen“ kleben.

Stubenfliege „Mimmi"

Mit dem Körperbau beginnen. Die Styroporkugel und das Styroporei mit dem 25 cm langen Draht mittig durchbohren. An beiden Enden einen Knopf einfädeln und mit Bastelleim ankleben. Das Drahtende der runden Kugel knicken und in das andere Loch des Kopfes einstechen (siehe Fig. 1), dann erstmals beiseite legen. Die Schnittvorgaben auf der nächsten Doppelseite zeigen an, wie die Strümpfe bzw. die Strumpfhosen zugeschnitten werden. Legen Sie zuerst die grauen auf, und schneiden Sie sie nach den Maßangaben bzw. nach der optischen Darstellungsweise von C, D und E zu. Ein C-Teil nehmen und die Spitze mit Watte ausstopfen, so daß ein Kopf von ca. 3 cm Durchmesser entsteht. Ringsum ein paar Stiche einziehen und den Kopf in Form halten (siehe Fig. 1). Das Kopfteil auf die Drahtspitze setzen und in der Taille des Körpers befestigen, so daß der Kopf fest auf dem Styroporei sitzt (siehe Fig. 2). Den 50 cm langen Draht in Form von Bastelhilfe A bringen und den 25 cm langen Draht in Form von B biegen. Das große Flügelpaar in das Ei einstecken (siehe Fig. 2) und mit dem Strumpfzuschnitt (Schnittvorgabe E) überziehen. Wie in Fig. 3 dargestellt, werden die Strumpfkanten immer wieder durch gegenseitiges Zusammennähen auf Vorder- und Rückseite gespannt. Am besten, Sie achten darauf, daß die Zugfältchen bei jedem Stich immer kleiner werden. Das hintere, kleinere Flügelpaar wie das erste handhaben. Jetzt von einem schwarzen Strumpf das Fußteil, wie Schnittvorgabe F zeigt, abschneiden und über den Kopf ziehen. Am Halsende straff zusammenziehen und verknoten. Nochmals zum Kopfende legen, dort ebenfalls zusammenziehen und verknoten. Wieder zurück in Richtung Körper legen, spannen und um den Hals festziehen. Wie in Fig. 3 oben gezeigt, die vordere und hintere Strumpfkante zur Taille ziehen und dort festnähen. Danach die seitlichen Kanten von vorn und hinten herunterziehen, so daß die Flügel ganz vom schwarzen Strumpf umschlossen sind; eventuell zwischen den Flügeln die Kanten zusammennähen. Den Stoffwulst am Hals stehen lassen. Der andere schwarze Strumpf wird in ganzer Form benötigt. Wie beim Kopf zuerst die Styroporkugel am Hinterteil überziehen, in der Taille zusammenbinden, wieder zurückstülpen, am Hinterteil zusammenbinden und wieder zur Taille hin stramm darüberziehen und dort wieder zusammenbinden (siehe Fig. 3, Mitte). Jetzt

Länge: 14 cm

Material
1 Styroporkugel: Ø 6 cm
1 Styroporei: 6 x 5 cm
Draht: Ø 1 mm, 2 x 50 cm, 2 x 32 cm, 1 x 25 cm
Nylonstrümpfe: schwarz, 1 Paar; grau, 1 Paar
Pfeifenputzer: schwarz (oder Langhaarstrickwolle)
Nähgarn
2 Knöpfe
Bastelleim

Alle Schnittvorlagen finden Sie auf der übernächsten Doppelseite.

Bastelhilfe
A Vorderer Flügel
B Hinterer Flügel

Schnittvorgabe
C Kopfüberzug, grauer Strumpf
D Hinterer Flügelüberzug
E Vorderer Flügelüberzug
F Kopfüberzug, schwarzer Strumpf

__Fig. 1__ Den 25 cm langen Draht durch die Styroporkugel und das Ei stechen, an der Kugel einen Knopf einfädeln und das Drahtende durch das zweite Loch des Knopfes führend in der Kugel verschwinden lassen. Mit dem grauen Strumpfstück einen ca. 3 cm großen Kopf mit Hilfe von Watte formen und am unteren Ende zusammenziehen.

__Fig. 2__ Das aufgesteckte Kopfteil an der Taille befestigen, so daß der Kopf fest aufsitzt. Den Flügeldraht vorsichtig am Styroporei einstecken.

__Fig. 3__ Den Flügelüberzug stramm anziehen, indem die Kanten miteinander vernäht bzw. verbunden werden. Den Kopfstrumpf überziehen, am Hals zusammenbinden, nochmals überziehen, am Kopfende zusammenbinden, dann nochmals zurück zum Hals legen und zusammenbinden. Vorder- und Hinterseite an der Taille befestigen, dann die Seiten dicht über den Flügelansatz ziehen. Das Hinterteil wie den Kopf überziehen, dann das überhängende Strumpfteil wie einen Bund nach hinten nehmen, dort zusammenbinden und über dem Hinterteil drapieren.

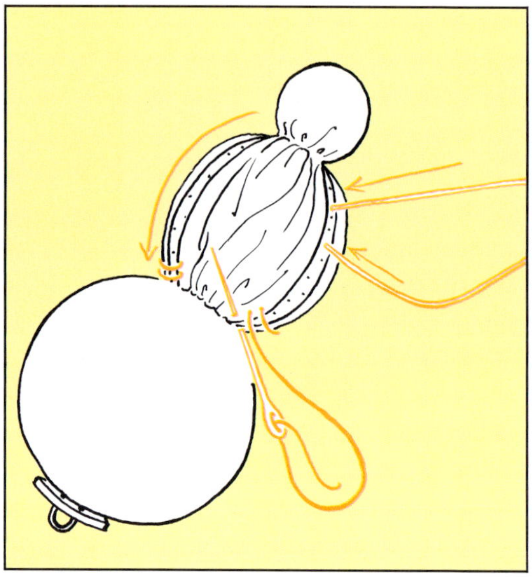

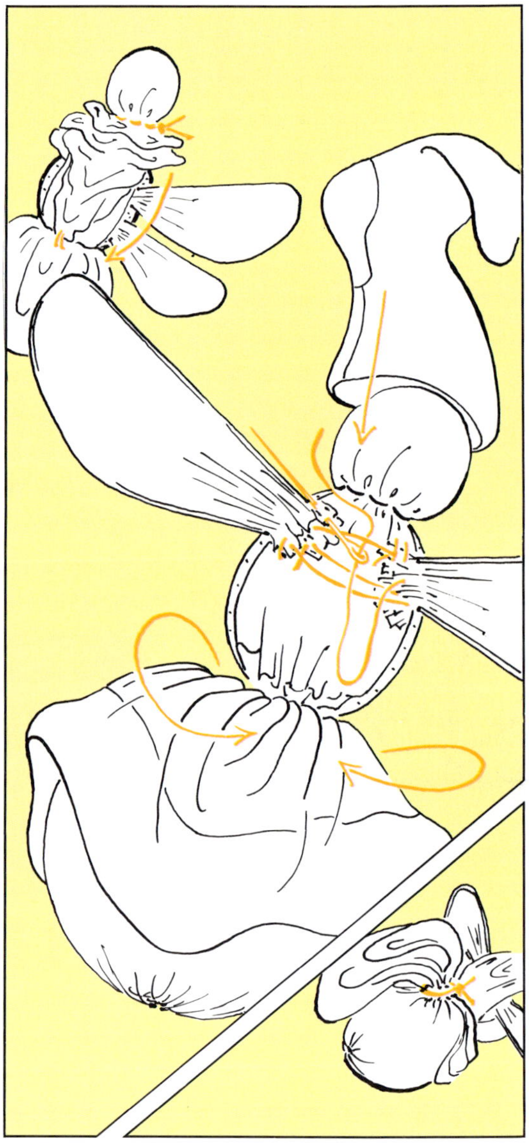

das lose Teil wie einen Bund von vorn nach hinten um die Taille spannen und in der hinteren Mitte zusammenbinden (siehe Fig. 3, unten). Den Strumpfwulst wie Wolkenstores in Form legen. Zwei Augen mit 1,5 cm Durchmesser aus grauen Strumpfstücken und Watte (ähnlich dem Kopf) anfertigen und aufnähen.

Für die Fühler einen 8 cm langen und für die Beine drei 20 cm lange schwarze Pfeifenputzer zuschneiden.
Diese zur Hälfte knicken und das Fühlerpaar knapp hinter den Augen und die Beinpaare am Bauch, unterhalb der Fliege, anbringen.
Einen Gummifaden am Oberkörper (Ei-Mitte) anknoten, und schon hüpft bzw. tanzt Madame Stubenfliege im Zimmer auf und ab.

Mein Tip:

Am besten eignen sich Strümpfe mit verstärkter Fußspitze.